David Augsburger

Sag mir die Wahrheit, wenn du mich liebst

Zehn Regeln für ehrliche Kommunikation in allen Lebensbereichen

R. BROCKHAUS VERLAG WUPPERTAL

A
B
C team

ABCteam-Bücher erscheinen in folgenden Verlagen:

Aussaat Verlag Neukirchen-Vluyn
R. Brockhaus Verlag Wuppertal
Brunnen Verlag Gießen und Basel
Christliches Verlagshaus Stuttgart
Oncken Verlag Wuppertal und Kassel

Die amerikanische Originalausgabe erschien unter dem Titel:
»Caring Enough to Confront« bei Herald Press
© 1980 Herald Press

Deutsch von Andreas Malessa

Die Bibelzitate sind folgender Ausgabe entnommen,
mit freundlicher Genehmigung des Verlages:
Gute Nachricht Bibel, revidierte Fassung,
© 1997 Deutsche Bibelgesellschaft, Stuttgart

© 2000 der deutschen Ausgabe:
R. Brockhaus Verlag Wuppertal
Umschlaggestaltung: Dietmar Reichert, Dormagen
Satz: Graphische Werkstätten Lehne GmbH, Grevenbroich
Druck und Bindung: Wiener Verlag, Himberg/Österreich
ISBN 3-417-11217-6
Bestell-Nr. 111 217

INHALT

Ich liebe dich.

Wenn ich dich liebe,
muss ich dir die Wahrheit sagen.

Ich möchte Liebe von dir.

Ich möchte Wahrheit von dir.

Sag mir die Wahrheit, wenn du mich liebst.

1

Liebevoll streiten –
Konflikt als schöpferischer Weg

Lieben – ein gutes Wort. Streiten – ein schlechtes Wort. Zusammen aber ergeben sie das Gleichgewicht von Liebe und Macht, das für eine gelingende zwischenmenschliche Beziehung nötig ist.

Die landläufige Praxis ist es allerdings, diese beiden Begriffe voneinander zu trennen:

»Es gibt eine Zeit zu lieben und eine Zeit zu streiten.«

»Alles hat seine Zeit – liebevolle Zuwendung, wenn liebevolle Zuwendung nötig ist, Konfrontation, wenn Kampf angesagt ist.«

»Alles zu seiner Zeit. Bloß nicht die liebevolle Zuwendung durch irgendwelche Beimischungen von Streit zunichte machen! Wenn es Auseinandersetzungen gibt, sollte man die Fronten nicht mit Liebe aufweichen. Das eine schwächt nur das andere. Um erfolgreich zu streiten, muss man falsches Mitleid beiseite lassen. Um echt zu lieben, muss man alle Vorbehalte und Widersprüche vergessen – zumindest für den Augenblick.«

»Wenn ich wütend bin, dann streite ich. In einem solchen Moment von Liebe zu reden, wäre falsch. Wenn ich jemanden wirklich liebe und für ihn da sein will, kann ich doch nicht mit ihm streiten. Ihm weh zu tun, ist doch das Letzte, was ich will!«

Liebevoll streiten. Zwei Wörter, miteinander verbunden – zu einem guten Begriff.

Liebevoll streiten heißt: so zu lieben, dass der andere am Streit wachsen kann und sich nicht in die Ecke gedrängt fühlt.

Liebevoll zu streiten bedeutet echte Konfrontation, die neue Einblicke, Einsichten und neues Verstehen aufruft. (Streiten bedeutet, wenn es etwas bringen soll, dem anderen möglichst viele hilfreiche Informationen zu geben, und das mit möglichst wenig Einschüchterung und Stress.)

Liebevoll streiten ist der Weg, Liebe und Macht in Einklang zu bringen. Liebevolles Streiten vereint das Streben nach guten Beziehungen mit dem Streben nach guten Zielen.

Man kann *für etwas* sein und dennoch *bei jemandem* sein. Man kann Beziehungen haben und Ziele haben, ohne das eine dem anderen opfern zu müssen. So kann man liebend machtvoll sein und mächtig lieben. Beides schließt sich nicht aus, es ergänzt sich.

»Was du getan hast, war geschmacklos. Du bist genau wie deine Mutter . . .«, murmelt Ihr Mann am Mittagstisch. Sie schlucken, das Essen schmeckt plötzlich fade, Ihre Gesichtszüge gefrieren in sprachlosem Ärger. Sie stehen wortlos vom Tisch auf. (Eine vertraute Situation: Er schlägt eine Wunde, Sie ziehen sich zurück und lecken Ihre Wunden.)

An seinem Blick erkennen Sie schon, dass er Ihren nächsten Schachzug voraussieht: Sie werden sich ins Schlafzimmer zurückziehen, die Nacht verspricht frostig zu werden, angefüllt mit unterdrücktem Zorn. Wer sich abgewiesen fühlt, ist abweisend. (Na und? Er hat Sie verletzt, also ist es Ihr gutes Recht zu schmollen.)

»Weglaufen ist sinnlos«, sagen Sie sich. »Je länger ich darüber brüte, desto mehr tut es weh. Irgendwann sag ich ihm, was ich denke!« (Gut! Sagen Sie, was Sie fühlen! Sagen Sie, was Sie wollen und sagen Sie auch, wo Sie gerade stehen!)

Sie beschließen, dass der Zeitpunkt gekommen ist. Ihre Gefühle explodieren: »Wenn du mich so kritisierst, fühle ich mich völlig abgelehnt. Du verletzt mich. Normalerweise ziehe ich mich zurück und laufe weg. Aber was ich wirklich will, ist, die Mauer zwischen uns zu überwinden. Dir wirklich nahe sein zu können. Außerdem will ich, dass du mich respektierst, wie ich bin. Ich bin nicht meine Mutter! Ich bin ich!«

Er schaut verdutzt. Er ist es nicht gewohnt, so präzise Beschreibungen Ihrer Gefühle zu hören. Er hat selten von Ihnen gehört, was Sie wirklich wollen.

Wenn die messerscharfen Worte eines anderen einen verletzt haben, überlegen Sie, ist stummer Rückzug eine Niederlage. Das Wichtigste ist, den Kontakt wieder herzustellen. Ich darf streiten, indem ich dem anderen sage, was ich wirklich will. Ich liebe ihn genug, um zu sagen, was ich wirklich fühle.

Im liebevollen Streiten kann meine Kommunikation beides enthalten – Wahrheit und Liebe. In Liebe die Wahrheit zu sagen, ist *der* Weg zu einer reifen, aufrichtigen Beziehung.

Liebevolles Streiten bedeutet, den Konflikt auf eine ganz besondere Weise zu betrachten. Konflikte als solche sind normal, natürlich, neutral und manchmal sogar erfrischend. Sie *können* schmerzliche oder gar katastrophale Folgen haben, aber sie *müssen* es nicht. Konflikte sind weder gut noch schlecht, weder richtig noch falsch. Sie sind einfach eine Tatsache.

Aber wie wir Konflikte *betrachten*, wie wir sie angehen und bewältigen, das bestimmt wesentlich unser ganzes Lebensmuster.

Ich kann Konflikte *als gegeben hinnehmen*, als unabänderliches Schicksal. Dann sage ich: »Wir kommen nicht miteinander aus. Wir passen nicht zusammen. Wir werden uns nie verstehen. So ist es nun mal. Das war's.« Dann wäre mein Lebensmuster: Bedrohungen und Stress vermeiden und immer den eigenen, sicheren, gut gepanzerten Weg gehen.

Ich kann Konflikte *als zerstörerisch betrachten.* »Wenn wir aufeinander prallen, werde ich verurteilt, abgewiesen, unsere Freundschaft bleibt auf der Strecke.« Dann wäre mein Lebensmuster: Immer nett und lieb sein und im Konfliktfall um des lieben Friedens willen nachgeben.

Ich kann Konflikte *als unvermeidlichen Kampf verstehen*, nämlich um Recht oder Unrecht, Gut oder Böse. »Ich bin es dir, mir, den anderen und auch Gott schuldig, meine Wahrheit zu verteidigen und dir deine Fehler aufzuzeigen!« Mein Leben wäre in diesem Falle verkrampft, vielleicht perfektionistisch, immer aber richtend und verurteilend.

Ich kann Konflikte unter Umständen *als ebenbürtige Auseinandersetzung betrachten*, die durch gegenseitiges Entgegenkommen bestimmt wird. »Ich gehe die halbe Strecke auf dich zu, du kommst mir auf der Hälfte entgegen. Lass uns kooperieren, lass uns Kompromisse aushandeln und die Köpfe für eine gemeinsame Lösung zusammenstecken.« Mein Lebensmuster wäre das einer vermittelnden »Treffen wir uns in der goldenen Mitte«-Haltung, die darauf achtet, dass keiner mehr hergibt als der andere.

Ich kann Konflikte schließlich *als natürlich, neutral und normal betrachten*. Dann bin ich vielleicht in der Lage, die

Schwierigkeiten, die wir erleben, als Spannungen in der Beziehung und als echte Unterschiede der Sichtweisen zu sehen, die wir überwinden können, indem wir dem anderen liebevoll begegnen und jeder den anderen ebenso liebevoll mit der Wahrheit konfrontiert.

Diese Lebensmuster (die auch in Kombination vorkommen) stellen die Konfliktstrategien der meisten erwachsenen Menschen in unserem Leben dar. Wenn Sie es eher mit den ersten Reaktionsweisen in der genannten Liste zu tun haben, werden Sie regelmäßig frustriert, missverstanden, entfremdet oder schlicht schmerzhaft ratlos sein über sich, ihren Partner oder andere Menschen.

Wenn Sie jedoch eher nach den letztgenannten Konfliktstrategien handeln, sind Sie wahrscheinlich dankbar für die Fähigkeiten zur Konfliktlösung, die Sie bereits erworben haben. Denn diese Fähigkeiten kann man lernen! Mindestens eine werden Sie am Ende dieses Kapitels gelernt haben.

»Der beklaut mich, während ich daneben stehe!« Sie kochen vor Wut. »Ich bin sicher, dass mehr als fünfhundert Mark über den Ladentisch gegangen sind, aber die Kassenabrechnung ergibt gerade mal dreihundert. Meinen Schwager ins Geschäft zu holen, war von all meinen Dummheiten mit Abstand die größte!«

Gemeinsam einen CD-Shop zu eröffnen, schien eine so gute Idee zu sein. Aber trotz regen Geschäftsbetriebs kam in den ersten neun Monaten kaum ein nennenswerter Profit herein. »Die Ratte! Er steckt sich das Geld in die Hosentasche, tippt Gratisprodukte ein oder umgeht sonstwie die Registrierkasse. Egal, wie er es macht – er haut mich übers Ohr!«

»Das macht der nicht mit mir! Ich sag ihm ins Gesicht, dass er mich hintergeht!« Aber das können Sie nicht, denn es wird Ihrer Schwester mehr wehtun als ihm. Es wird Ihre Beziehung zueinander belasten und die Ehe Ihrer Schwester auch. Wo Ihre Schwester doch ohnehin schon so depressiv veranlagt ist.

»Ich mache den Laden dicht und packe meine Sachen. Er soll mich ausbezahlen und dann kriegt er, was er will – unbezahlte Rechnungen und Hypotheken inklusive!« Die Sache hat einen Haken: Ihr Eigenheim ist teilfinanziert durch eine Bürgschaft aufs Geschäftskapital. Sie stecken finanziell zu tief im gemeinsamen Geschäft drin, und Ihr Schwager weiß das genau.

»Ich gebe auf und sitze das Problem aus. Ich warte einfach, bis die Steuerfahndung ihm auf die Schliche kommt oder er sich in seiner wachsenden Gier selbst ans Messer liefert. (Vielleicht erhöhe ich sogar seinen Anteil und lobe ihn für seine Arbeit, damit er ein richtig schlechtes Gewissen bekommt.)« Aber Sie können natürlich schlecht tatenlos zusehen, wie er sich auf Ihre Kosten bereichert – immerhin haben Sie selbst eine Familie zu ernähren. Und außerdem sind Sie auch dran, wenn Sie sein Verhalten stillschweigend hinnehmen.

»Ich komme ihm entgegen, sage nichts, spiele mit, weiche aber keine Sekunde von seiner Seite.« Nun ja, Sie können nicht überall sein. Also wäre das bestenfalls eine vorübergehende Kompromisslösung.

»Ich muss ihn jetzt mit der Wahrheit konfrontieren, es gibt keinen anderen Weg aus dem Chaos. Aber wie fange ich das an?«

Hier sind noch einmal die fünf Optionen:

1. Ich krieg dich, 2. Ich hau ab, 3. Ich gebe nach, 4. Ich komme dir halbwegs entgegen, 5. Ich streite mit dir, weil du es mir wert bist – das sind im Großen und Ganzen die Alternativen, die wir in den meisten Konfliktsituationen haben.

1. *»Ich krieg dich!«* ist die »Ich siege, du verlierst, weil ich Recht hab und du falsch liegst«-Position. Wer sie einnimmt, hält Konfliktthemen für im Grunde völlig einfach und klar. Der eine hat Recht, und zwar uneingeschränkt, und der andere hat Unrecht, und zwar auf der ganzen Linie. Zum Glück habe ich Recht – meistens jedenfalls – und der andere nicht. (Dumm nur, wenn sich herausstellt, dass meine Position doch nicht oder zumindest nicht nur die reine Wahrheit ist.) Es ist meine Pflicht, den anderen auf seine Fehler hinzuweisen. Diese »Gewinner-Verlierer«-Methode ist ein Machtspiel und hat mit Liebe sehr wenig oder gar nichts zu tun. Das Ziel wird höher bewertet als die Beziehung, und vermittelt wird: »Meine Sicht der Dinge ist die einzig richtige.«

2. *»Ich hau ab!«* ist die »Wenn's ungemütlich wird, bin ich weg«-Einstellung. Konflikte erscheinen dabei hoffnungslos, denn Menschen können sich nicht ändern. Also verdrängen wir ihre Fehler oder, wenn das nicht geht, ziehen wir uns zurück. Konflikte müssen um jeden Preis vermieden werden. Droht ein Konflikt – geh ihm aus dem Weg. Wenn Ihnen permanente Sicherheit das Wichtigste im Leben ist, dann hat solch ein Rückzug Vorteile. Kommt aber ein Konflikt unweigerlich auf Sie zu, ist der fluchtartige Rückweg eigentlich kein Ausweg. Nur der Weg hindurch ist ein Weg über den Konflikt hinaus. Rückzug bedeutet, dass der Konflikt mein Leben beeinflusst, statt dass ich ihn hinter mir lasse und

weitergehe. Die Flucht ist eine Haltung nach dem Motto: »Ich verliere, damit auch du was verlierst.« Und tatsächlich gibt es nur Verlierer. »Wo ist der nächste Notausgang?«, lautet die heimliche Frage. Eine »Alles-oder-nichts«-Reaktion mit Fluchttendenzen.

3. *»Ich gebe nach«* ist die »Ich gebe lieber klein bei, weil ich deine Freundschaft brauche«-Haltung. Sie besagt, dass Meinungsverschiedenheiten und Konflikte eine Katastrophe sind. Wenn sie ans Tageslicht kommen, kann man für nichts mehr garantieren. Nichts Gutes jedenfalls. Da ist es doch weit besser, lieb und nett zu sein, sich zu fügen, auf alle Forderungen des anderen sofort einzugehen und Freunde zu bleiben.

Klein beizugeben, um den Kontakt aufrechtzuerhalten, kann Ihnen in manchen Situationen das Leben erleichtern. In den meisten Fällen wird der Schuss jedoch nach hinten losgehen. Sie werden zum Fußabtreter, frustriert, aber immer mit einem Lächeln auf den Lippen. Je mehr Sie innerlich unter Druck stehen, desto großzügiger und demütiger versuchen Sie nach außen zu wirken.

4. *»Ich komme dir halbwegs entgegen«* ist die »Ich habe die Hälfte der Wahrheit und brauche deine Hälfte«-Position. Sie stellt einen kreativen Kompromiss dar. Konflikte sind natürlich, und alle Menschen sollten bereit sein, auf den anderen zuzugehen, und damit versuchen, die Dinge zu lösen. Die Bereitschaft etwas abzugeben wird zu einer funktionierenden Lösung führen, die für alle befriedigend ist.

Kompromissfähigkeit ist eine wertvolle Eigenschaft für zwischenmenschliche Beziehungen. Wir kommen miteinander weiter auf der Grundlage kluger und umsichtiger Übereinkünfte. Kompromisse einzugehen, ist in vielen Konflikten nötig und gut. Aber es verlangt, zumindest teilweise, das Aufgeben tiefer Überzeugungen und Ziele – und das kann für alle Beteiligten heißen, dass sie das Beste aufgeben, um sich mit dem Zweitbesten zufrieden zu geben.

Wenn ich mich entscheide, Kompromisse einzugehen, gehe ich immer auch ein Risiko ein: dass meine Hälfte der Wahrheit und deine Hälfte der Wahrheit zusammen gar nicht die ganze Wahrheit und nichts als die Wahrheit sind! Unter Umständen haben wir nur zwei Halbwahrheiten, deren Addition vielleicht sogar eine komplette Unwahrheit ergibt. Nur wenn wir genug lieben, um mit der Wahrheit und um sie zu ringen, können wir testen, überprüfen, verfeinern und vielleicht durch ein ständiges Erarbeiten mehr von dem entdecken, was wahr ist.

5. *»Ich streite mit dir, weil du es mir wert bist«* ist die »Ich will Beziehung und ich will Ehrlichkeit«-Position. Hier wird der Konflikt als neutral (also weder gut noch schlecht) betrachtet und als natürlich (das heißt, er muss weder vermieden noch abgeschwächt werden). Sich durch die Meinungsverschiedenheiten hindurchzuarbeiten, indem man klare Botschaften sendet – »es geht mir um dich« und »das ist, was ich will« –, ist der beste Weg. Liebe (»ich möchte in achtungsvoller, liebender Gemeinschaft mit dir bleiben«) und ehrliche Konfrontation (»du musst wissen, wo ich stehe, wie ich fühle, was ich brauche, was ich schätze und wo ich hin will«) – zusammen ergeben beide die wirksamste Kommunikation.

Lieben	*Streiten*
◇ Unsere Beziehung ist mir wichtig.	◇ Es liegt mir viel an dem Thema, um das es jetzt geht.
◇ Ich möchte deine Meinung hören.	◇ Ich möchte meine Ansichten klar ausdrücken.
◇ Ich respektiere und achte deine Ansichten.	◇ Ich bitte um Respekt für meine.
◇ Ich traue dir zu, dass du mit meinen ehrlichen Gefühlen umgehen kannst.	◇ Ich möchte, dass du mir dasselbe auch zutraust.
◇ Ich verspreche dir, die Diskussion auszuhalten, bis wir zumindest ein beidseitiges Verstehen erreicht haben.	◇ Ich möchte, dass du weiter mit mir und an mir arbeitest, bis wir ein gemeinsames neues Verständnis erreichen.
◇ Ich werde nicht tricksen, Druck ausüben, manipulieren oder die Differenzen verzerrt darstellen.	◇ Ich möchte deine frei geäußerte, ehrliche und klare Darstellung unserer Schwierigkeiten hören.
◇ Ich garantiere dir meinen liebevollen, aufrichtigen Respekt.	◇ Ich möchte deine liebevoll konfrontierende Reaktion.

Um die Wechselwirkung von Liebe und Konfrontation, von Sorge um die Beziehung und Streben nach Zielen zu veranschaulichen, sortiert das folgende Diagramm diese Werte auf einer Skala von 1 bis 9:

Das »Ich hau ab, auch wenn ich dabei verliere«-Viertel zeigt eine weder bejahende noch selbstbehauptende Haltung, ist also gering an Wert.

Das »Ich gebe klein bei, um akzeptiert zu bleiben«-Viertel zeigt hohes Interesse daran, eine Beziehung aufrechtzuerhalten oder zu vertiefen, hat aber wenig zu bieten, wenn es um persönliches Engagement für ein Ziel geht (das dann möglicherweise auch noch bedrohlich werden könnte . . .).

Das »Ich gewinne, du verlierst«-Viertel ist komplett selbstbehauptend, oftmals voll purer Aggression und wenig Achtung vor jenen persönlichen Elementen, die eine Beziehung wertvoll machen.

Die Mitte des Diagramms ist die kooperative oder kompromissbereite »Am besten, wir treffen uns auf der Mitte«-Position.

Das »Ich kann lieben und streiten«-Viertel legt hohen Wert auf beides, persönliche Beziehungen und persönliche Ziele, indem es versucht, eine gute Beziehung zu schaffen, in der Ziele gemeinsam formuliert werden.

Jede dieser Reaktionen hat ihren Platz im Leben. Jede dieser Verhaltensweisen mag zu bestimmten Zeiten und Situationen angemessen und nützlich sein. Aber den größten Nutzen aus einem Konflikt haben alle Beteiligten, wenn das oberste Ziel ist, (1) liebevoll zu streiten. Falls es nicht klappt, auf diesem Wege eine beidseitig befriedigende Lösung zu erreichen, dann ist (2) die kooperativ-kompromissbereite Lösung sicher ratsam. Sie ist aber hoffentlich nur eine vorübergehende Lösung, die schon bald die Möglichkeit eröffnet, zu liebevollem Streiten und großer Aufrichtigkeit zurückzukehren. Erst wenn auch das nicht geht, sollte man sich (3) ins »Klein beigeben, um die Beziehung zu retten«-Viertel begeben, aber nicht als Endprodukt oder Schlusspunkt, sondern wohlverstanden als ein vermittelndes, momentan notwendiges Opfer für den Fortbestand der Beziehung, so dass effektivere und sinnvollere Gespräche und Neuverhandlungen folgen können. Nur wenn selbst das verworfen und verneint wird, sollte man (4) die »Ich gewinne, du verlierst«-Position selbstbewusst verfolgter Ziele zulassen – unter Umständen auch dann, wenn die Beziehung dabei draufgeht. Die Hoffnung ist nämlich, dass selbst bei diesem sehr zielorientierten, selbstbeharrenden Standpunkt einer von beiden in naher Zukunft wieder fähig wird, zu einer ausgewogenen Beziehung aus Selbstbehauptung und Hingabe, Liebe und Macht, Fürsorge und Konfrontation zurückzukehren. Greift nicht einmal das, ist (5) die allerletzte Entscheidung, den »Nach mir die Sintflut«-Rückzug anzutreten. In diesem Fall ist man machtlos und muss, wenn auch bedauernd, das Recht des anderen respektieren, sich zu verweigern, zu verschließen und sich zurückzuziehen, jedenfalls für eine Übergangszeit.

Dies alles geschieht in der Hoffnung, den Konflikt beendet zu haben, aber nicht auch endgültig die Beziehung.

Von allen möglichen Optionen – von (1) bis (5) – ist die »Ich streite mit dir, weil du es mir wert bist«-Lösung die vielversprechendste. Es ist diejenige Option, die am liebevollsten ist und die das Wachstum einer Beziehung am nachhaltigsten fördert. Liebevolles Streiten ist aber selten der Startpunkt, sondern meist erst das Ziel eines langen, gemeinsamen Weges.

Kommt mir der andere in einer hundertprozentigen »Ich gewinne, du verlierst«-Haltung entgegen, kann es sinnvoll sein, mit »Ich gebe klein bei, um die Beziehung zu erhalten« zu reagieren, bis der unmittelbar erste Sturm vorüber ist. Hat sich der Pulverdampf verzogen, ist eine Diskussion in liebevoller Konfrontation vielleicht wieder möglich. Reagiert der Partner sofort mit einer »Ich hau ab«-Haltung, kann es für den Augenblick angebracht sein, einem Kompromiss zuzustimmen und sich auf der Mitte zu treffen, um das eigene Interesse und die Investitionsbereitschaft in den Fortbestand der Beziehung auszudrücken. Aber für beide Parteien ist es wichtig, sobald wie möglich zu Offenheit und Ehrlichkeit und zu einer Liebe zurückzukehren, die auch streiten kann.

Übertriebenes Festhalten an einer der beschriebenen Verhaltensweisen wird nur selten gute Ergebnisse bringen. Die Fähigkeit, unterschiedlich zu reagieren, und die Flexibilität, sich jeweils so zu verhalten, wie es die spezielle und akute Konfliktsituation erfordert – das ist eine Fertigkeit, ein »Beziehungshandwerk«, könnte man auch sagen, das man immer besser erlernen kann und das für eine Beziehung lebensnotwendig ist.

Für Christen ist die Art, wie Jesus Beziehungen gelebt hat, das beste Vorbild. Er konnte angemessen auf jeden Einzelnen reagieren und Konflikte in perfekter Balance von Liebe und Macht lösen. Liebevoll, kreativ und gleichzeitig streitbar – Jesus bedient sich in unterschiedlichen Situationen einer breit gefächerten Sprache der Konfliktbewältigungs-Strategien. Virtuos setzt er alle fünf »Methoden« ein, um seine Ziele zu erreichen:

Als die nicht gerade freundlichen Bürger seiner Heimatstadt Nazareth seine Botschaft der konfrontierenden Liebe Gottes rundweg ablehnen, zieht Jesus sich zurück (Lukas 4,14-30). Er bricht das Gespräch ab und beendet sinnlose Debatten mit den Pharisäern, als der Punkt totaler Ablehnung erreicht ist (Johannes 11,45-57).

Wenn es dem klaren Verständnis seiner Botschaft und Berufung dient, scheut Jesus sich nicht, die »Ich gewinne, du verlierst«-Haltung einzunehmen: Er greift die Schacherer und Händler im Tempel direkt an (Markus 11,11-19) und brüskiert die religiösen Führer in Matthäus 23 kompromisslos, als diese seinen Tod bereits beschlossen und vorbereitet hatten.

Bei seiner Verhaftung jedoch, während der Verhöre, den ganzen Gerichtsprozess über, in der skandalösen Folter und selbst noch bei seiner Hinrichtung unterwirft sich Jesus widerstandslos der Wut des Volkes, schluckt alle ungerechten Vorwürfe herunter und antwortet ausschließlich mit Worten der Vergebung, Gnade und Annahme. Niemand hat je beeindruckender und klarer geliebt und gestritten, als Jesus es tat. Jesus hört den Möchtegern-Killern geduldig zu, als diese eine Frau des Ehebruchs überführt und angeklagt haben. Er wartet ihre hochnotpeinlichen Fragen und Vorwürfe ab, bevor er diese in den Straßenstaub schreibt! Das ist liebevolle Anteilnahme! Schützende Solidarität mit der Angeklagten. Dann sagt er: »Also bitte: Wer von euch noch nie gesündigt hat, werfe den ersten Stein auf sie.« Das ist knallharte Konfrontation. Zu der

Frau sagt er: »Nanu? Will dich keiner mehr steinigen? Wo sind sie denn alle? Ich verurteile dich auch nicht.« Das ist warmherzig-verständnisvolle Fürsorge. »Geh und sündige hinfort nicht mehr!« Das ist klare, unmissverständliche Konfrontation im Stil einer Herausforderung (Johannes 8,7+10-11).

Dem reichen, gelangweilten, eingebildeten jungen Mann hört Jesus zu, antwortet ihm präzise auf seine Fragen, sieht ihn aufmerksam an und »hat ihn lieb«. Dann konfrontiert er ihn mit einer steilen Herausforderung: »Geh und verkaufe alles was du hast, gib's den Armen und folge mir nach.« Klipp und klar konfrontiert Jesus ihn mit seinem entscheidenden Problem (Markus 10,21).

Nikodemus (Johannes 3), die Frau am Brunnen (Johannes 4), den Bürgermeister von Kapernaum, dessen Sohn im Sterben liegt (Johannes 4) – sie alle liebt Jesus und sagt ihnen die Wahrheit auf den Kopf zu. Jesus sagt die Wahrheit in Liebe. Er ist die Wahrheit und er ist die Liebe.

Im Brief an die Epheser beschreibt Paulus das Wesen christlicher Reife als das, was Jesus uns in der Vereinigung von Liebe und Wahrheit vorgelebt hat:

> »So soll es dahin kommen, dass wir alle die einende Kraft des *einen* Glaubens und der *einen* Erkenntnis des Sohnes Gottes an uns zur Wirkung kommen lassen und darin eins werden, dass wir alle zusammen den vollkommenen Menschen bilden, der Christus ist, und hineinwachsen in die ganze Fülle, die Christus in sich umfasst. Wir stehen fest zu der Wahrheit, die Gott uns bekannt gemacht hat und halten in Liebe zusammen. So wachsen wir in allem zu Christus empor, der unser Haupt ist.« (Epheser 4,13+15)

Der Evangelist Johannes fasst die Gegenwart Gottes in uns durch Christus mit den folgenden Worten zusammen:

»Er, das Wort, wurde ein Mensch, ein wirklicher Mensch von Fleisch und Blut. Er lebte unter uns, und wir sahen seine Macht und Hoheit, die göttliche Hoheit, die ihm der Vater gegeben hat, ihm, seinem einzigen Sohn. Gottes ganze Güte und Treue ist uns in ihm begegnet.« (Johannes 1,14)

Wahrheit mit Liebe bringt Heilung.
Wahrheit, in Liebe gesagt, befähigt uns zum Wachstum.
Wahrheit in Liebe erzeugt Veränderung.

Wahrheit und Liebe sind die zwei unverzichtbaren Bestandteile jeder ehrlichen, ernsthaften Beziehung. Liebe – weil alle positiven Beziehungen mit Freundschaft, Wertschätzung und Achtung beginnen. Wahrheit – weil kein Vertrauensverhältnis Unehrlichkeit, Hinterlist und Verrat überleben kann.

Der Pastoren-Seelsorger Howard Clinebell Jr. hat einmal gesagt: »Streit plus Barmherzigkeit bringt Wachstum. So wie Gericht plus Gnade Erlösung bringt.«

Das sind die beiden Säulen einer echten Beziehung: Konfrontation mit der Wahrheit – Bestätigung des anderen in Liebe. So geht Gott mit uns um. Um die Beziehung Gottes zu den Menschen zu beschreiben, verwenden wir traditionell die Worte »Gericht« und »Gnade«. Sie führen zur Erlösung.

Gottes Gericht – radikal ehrlicher Umgang mit der Wahrheit – konfrontiert uns mit den Anforderungen an eine reife Persönlichkeit. Gottes Gnade – unverdiente Liebe – streckt sich nach uns aus, nimmt uns an und versichert uns der Liebe Gottes gerade dann, wenn wir uns selbst unakzeptabel finden.

Gericht tut weh und tötet unter Umständen sogar. Wenn Gott uns nur als Richter gegenüberträte – wer könnte vor ihm bestehen? Wenn Gott uns ausschließlich als »der liebe Gott« gegenüberträte – wer könnte eine solche billige Gnade wertschätzen? Es wäre das schiere göttliche Einverständnis mit allem und jedem. »Alles ist erlaubt«, was den Himmel betrifft? Nein. Sondern: Gericht, gemischt mit Gnade. Konfrontation, gepaart mit Fürsorge. Die Wahrheit, in Liebe gesagt. Ehrlichkeit, Wahrheit, Vertrauen und Liebe. All das ist verwoben und miteinander verbunden in den biblischen Aussagen zum Thema Beziehungen:

»Die Liebe darf nicht geheuchelt sein … Seid alle miteinander auf Einigkeit bedacht. Strebt nicht hoch hinaus, sondern gebt euch für die undankbaren Aufgaben her. Verlasst euch nicht auf eure eigene Klugheit.« (Römer 12,9+16)

»Die Liebe nimmt sich keine Freiheiten heraus, sie sucht nicht den eigenen Vorteil. Sie lässt sich nicht zum Zorn reizen und trägt das Böse nicht nach. Sie ist nicht schadenfroh, wenn anderen Unrecht geschieht, sondern freut sich mit, wenn jemand das Rechte tut. Die Liebe gibt nie jemand auf, in jeder Lage vertraut und hofft sie für andere; alles erträgt sie mit großer Geduld.« (1. Korinther 13,5-7)

»Das ganze Gesetz ist erfüllt, wenn dieses eine Gebot befolgt wird: ›Liebe deinen Mitmenschen wie dich selbst.‹ Wenn ihr einander wie wilde Tiere kratzt und beißt, dann passt nur auf, dass ihr euch nicht gegenseitig verschlingt!« (Galater 5,14-15)

»Vielmehr stehen wir fest zu der Wahrhcit, die Gott uns bekannt gemacht hat, und halten in Liebe zusammen. So wachsen wir in allem zu Christus empor, der unser Haupt ist. Von ihm her wird der ganze Leib zu einer Einheit zusammengefügt und durch verbindende Glieder zusammengehalten und versorgt. Jeder einzelne Teil erfüllt seine Aufgabe, und so wächst der ganze Leib und baut sich durch die Liebe auf.« (Epheser 4,15-16)

Für die Praxis

1. Üben Sie in Gedanken richtiges Lieben und Streiten in den Konflikten des gestrigen Tages oder hypothetisch in den Konflikten, die Sie morgen erwarten. Setzen Sie eine andere Person auf den Stuhl gegenüber, strecken Sie Ihre rechte Hand aus und sagen Sie: »Du bist mir wichtig. Ich möchte dich achten und will auch von dir respektiert werden.« Und jetzt strecken Sie Ihren linken Arm aus und sagen: »Aber ich möchte auch, dass du meine innersten Gefühle kennst. Ich sage dir jetzt, wo ich stehe. Und welche Ziele ich in unserer Beziehung verfolge.« Lassen Sie dasselbe den anderen tun. Testen Sie mal, was schwieriger ist: rechts oder links? Worin sind Sie am wenigsten geübt? Üben Sie beide Seiten, bis Ihnen Ihre Position ganz klar geworden ist.

2. Gehen Sie jetzt die Begegnungen mit anderen Menschen durch, die Sie in der letzten Woche erlebt haben. Ordnen Sie die entsprechenden Situationen den fünf Konfliktstrategien zu:
   (1) Ich gewinne, du verlierst.
   (2) Ich hau ab, mach, was du willst.
   (3) Ich gebe nach um des lieben Friedens willen.
   (4) Ich komme dir halbwegs entgegen.
   (5) Ich streite mit dir, weil ich dich liebe.

Welche Methode hat funktioniert? Welche war die bequemste? Welche haben Sie am häufigsten benutzt? Welche würden Sie gerne öfter benutzen?

Ich möchte dich hören,
   sehen, was du siehst,
   fühlen, was du fühlst.

Ich möchte angehört werden.
   Hör mich an, wie ich dich anhöre.
   Hör zu – ich höre dir auch zu.

Deshalb werde ich eine so klare Sprache
sprechen,
   dass meine Worte Fenster sind,
   die dich in mein Innerstes
   hineinschauen lassen,
   damit du siehst, was mich ausmacht,
   Lachen und Weinen.

2

Die Wahrheit sagen –

Die Bedeutung einer klaren Sprache

»Es ist Monate her, seit ich mit meinem Mann wirklich in Ruhe geredet habe. Wir haben uns so sehr auseinander gelebt«, sagen Sie, und die Erkenntnis lähmt Sie. »Er hat sein Leben, ich habe meins. Wir sehen uns oft, aber wir begegnen uns kaum einmal.«

Der Beruf Ihres Mannes erfordert viele Überstunden. Er hat keine Zeit, Sie anzuhören. Ihr Job stellt auch Anforderungen an Sie. Sie sind zu müde, auf Ihren Mann zuzugehen. Inzwischen gibt es zwischen Ihnen nicht einmal mehr den vertrauten Geräuschpegel alltäglicher Konflikte.

»Fünf Jahre ohne echtes Gespräch«, sagen Sie. »Wir müssen dringend die Karten neu mischen und jedem eine zweite Chance geben. Wenn ich nur den Mut hätte, das gleich heute Abend vorzuschlagen, nämlich, dass wir endlich versuchen herauszufinden, was wir voneinander erwarten. Ich will gut hinhören und ihm so ermöglichen, ein Gespräch zu beginnen. Oder noch besser: Ich könnte ihn direkt nach seinen Bedürfnissen fragen, um herauszufinden, was er von mir erwartet. Dann könnten wir vielleicht anfangen, uns gegenseitig angstfrei zuzuhören.«

Eine gute Beziehung setzt einen zweispurigen Kommunikationsweg voraus. Wenn eine Seite des Gesprächs abbricht, beginnt die Beziehung zu sterben. In dem Maß, wie gegenseitige Aufmerksamkeit verloren geht, hört die Beziehung auf zu existieren.

Einander lieben heißt doch, das Recht des anderen auf Hören und Angehörtwerden zu fördern und zu schützen.

Wenn ich zuhöre, möchte ich dich anhören, in dich hineinhören, offen sein für das, *was* du sagst, die Art, *wie* du es sagst, und die Gefühle und Absichten, die du mir mitteilen willst. Ich möchte eine »Antenne« haben für deine Gefühle, Freuden, Verletzungen, für den Ärger und die Forderungen.

Dabei bin ich mir zweier Gefahren bewusst, nämlich, (1) dass ich in das, was du sagst, meine Interpretation »hineinlese«, während ich zuhöre, und dabei nicht mitbekomme, was du mir tatsächlich sagen möchtest, und, (2) dass ich aus deinen Äußerungen die Dinge »herauslese«, die ein wichtiger Teil deiner Botschaft sind, die ich aber nicht hören will, weil sie mir Angst machen, mich vor den Kopf stoßen, mir Ablehnung signalisieren oder mich und meine Meinung in Frage stellen.

Ich möchte dich richtig hören, und deshalb muss ich an entscheidenden Punkten des Gesprächs überprüfen, was ich gehört habe. Denn ich will so sicher wie möglich sein, dass ich auch tatsächlich das verstanden habe, was du gemeint hast. Deine Wortwahl, die Tonlage und Stimmfärbung, mit der du etwas sagst, dein Gesichtsausdruck dabei und deine Gestik und Körpersprache – sie alle sind Anhaltspunkte, aber sie vermitteln bestenfalls eine Ahnung. Ich muss meine Eindrücke von dir bestätigen lassen, indem ich von Zeit zu Zeit wiederhole, was ich gehört habe. So kannst du vergleichen und bestätigen oder korrigieren, ob es das ist, was du meintest.

Ich möchte so genau und einfühlsam zuhören, dass ich – und zwar nicht nur an der Oberfläche – nachfühlen kann, was du fühlst, dass ich verletzt bin, wenn du es bist, und dass ich alles tun möchte, damit du dich weiterentwickeln kannst.

Wenn ich rede, will ich eine klare Sprache sprechen. Ich will meine Meinung in den klarsten, kürzesten und direktesten Worten sagen, die ich kenne. Ich will das, was ich meine, so sagen, dass du mich verstehen kannst, denn Kommunikation ist gegenseitiges Verstehen.

Wörter haben keine Bedeutung, sondern Menschen geben ihnen Bedeutung – und deshalb möchte ich das, was ich meine, so klar und offen sagen, wie ich nur kann.

Ich will eine persönliche Sprache verwenden. Da ich nur aus meiner individuellen Erfahrung sprechen kann, möchte ich sagen: »Ich glaube . . .«, »Ich fühle . . .«, »Ich möchte . . .«, anstelle von »Man sagt ja immer . . .«, »Man bekommt ja den Eindruck . . .« oder »Wünschenswert wäre . . .«. Um meine eigenen Gefühle und Überzeugungen offen zu benennen, brauche ich Mut. Formulierungen wie »Die meisten Menschen . . .« oder »Es scheint . . .« oder »Manche empfinden wohl . . .« oder »Es heißt doch oft . . .« bedeuten kein Risiko.

Aber ich werde das Risiko eingehen. Ich werde mein wahres Ich zeigen. Ich werde dir gegenüber verletzbarer, indem ich deine Eindrücke und Ansichten neben meinen stehen lasse.

Ich möchte für mich sprechen und nicht für andere. Ich werde also nicht mehr sagen: »Wir finden . . .«, »Man sagt . . .« oder »Die Leute . . .«.

Ich werde versuchen, nicht für dich zu sprechen. Ich werde nicht sagen: »Du denkst jetzt wahrscheinlich . . .« oder »Jetzt glaubst du von mir vielleicht . . .« Ich will nicht versuchen, deine Gedanken, Gefühle und Einstellungen zu erraten. Mir liegt nichts am Gedankenlesen oder an Leuten, die meinen, es zu können. Was ich will, ist dir zuzuhören, wenn du mit mir sprichst, und darauf zu reagieren.

Ich möchte aufrichtig sein. »Die Wahrheit sagen« heißt doch, dass ich anderen meine wirklichen Gefühle und Sichtweisen anvertraue. Ehrliche, ungefilterte Aussagen über Gefühle und Ansichten zu vermeiden, wird oft für Höflichkeit, Klugheit oder Rücksicht gehalten. Meist ist es aber das Grausamste, was ich anderen antun kann, denn in gewissem Sinne belüge ich sie.

Selektive Ehrlichkeit ist überhaupt keine Ehrlichkeit. »Auswahl-Wahrheiten« setze ich dann ein, wenn ich (1) eine echte Beziehung zum anderen vermeiden will, weil ich mit anderen Dingen beschäftigt bin, oder (2) klare Konfrontationen scheue oder (3) Tatsachen und Situationen verdrehe, um mich oder andere zu schützen.

Ich mag solche Selbstverteidigungs-Techniken nicht, auch wenn sie bequem scheinen mögen. Ich möchte in allen Lebenslagen wahrhaftig sein. Ich will anderen zutrauen, dass sie mit ehrlichen Gefühlsäußerungen umgehen können. Ich möchte ausdrücken, was ich empfinde, wo ich stehe und wie ich denke.

Meine Sprache soll direkt sein. Ich will nicht *über* Leute reden, wenn es möglich ist, *mit* ihnen zu reden. Was immer ich dir zu sagen habe, sollst du auch aus erster Hand von mir hören.

Ich möchte Meinungsverschiedenheiten mit anderen mit klaren, respektvollen und wahrhaftigen Worten und Taten austragen. Ich möchte, dass der Konflikt das Beste in mir und anderen zum Vorschein bringt. Ich möchte, dass beides in meinen Reaktionen, ob verbal oder nonverbal, deutlich wird: die Wahrheit, wie ich sie sehe, und der Respekt vor dem andern.

Wenn Konfliktsituationen schwierig werden, dann will ich klare, ehrliche, persönliche, direkte und einfache Aussagen machen. Denn sie haben die größte Wirkung und verursachen möglichst wenig Verwirrung oder Verzerrung. Vielleicht schaffe ich es, durch den Konflikt hindurch zu einem gegenseitigen Verstehen zu gelangen, vielleicht auch nicht. Aber ich kann sowohl Liebe als auch Wahrheit am besten ausdrücken, indem ich Warum-Fragen und Schuldzuweisungen fallen lasse.

»Ist schon in Ordnung, Liebling, kein Problem«, sagen Sie am Telefon zu Ihrem Mann. Es ist der vierte Abend in dieser Woche, an dem er länger arbeitet und Sie erst in letzter Minute darüber informiert. Es ist eigentlich überhaupt nicht in Ordnung, auch wenn Sie jedes Mal das Gegenteil behaupten. Aber das war schon immer Ihre Art: nett sein, anderen nachgeben, sagen, dass alles in Ordnung ist, die Gefühle runterschlucken – so lange, bis Sie schließlich bei einem lächerlichen Anlass explodieren und Dinge sagen, die Sie im gleichen Moment bereuen.

Immer klein beizugeben hilft nicht. Kränkungen anzuhäufen und negative Gefühle aufzustauen erst recht nicht. Nicht ehrlich gemeinte Äußerungen, um alles zu verdecken, sind besonders schlimm. Wenn der Ärger erst einmal ausbricht, sind sie völlig nutzlos.

»Ich muss endlich lernen, die Probleme sofort anzugehen, wenn sie auftauchen«, sagen Sie. »Es bringt nichts, meine Gefühle auf die lange Bank zu schieben und vor sich hin gären zu lassen. Bei dem Anruf eben hätte ich zum Beispiel sagen können: ›Nein, es ist nicht in Ordnung. Ich habe heute Abend etwas Besonderes vor. Ich habe mich schon über die letzten drei Abende geärgert, die du in der Firma verbracht hast. Ich möchte den Abend mit dir verbringen.‹ Das hätte ich einfach und geradeheraus sagen können.«

Was hindert Sie daran, Ihre Interessen zu vertreten? Sie selbst stehen sich im Weg. »Noch ist es nicht zu spät«, sagen Sie, »ich kann ihn immer noch zurückrufen.« Sie nehmen den Hörer ab und überlegen, was Sie sagen werden: »Ich möchte heute Abend mit dir zusammen sein. Versuch doch bitte, es möglich zu machen und pünktlich nach Hause zu kommen.«

Ich kann meine Gefühle aufschreiben, um sie mir bewusst zu machen. Ich kann Wege suchen, ihnen sofort Ausdruck zu verleihen, und üben zu sagen, was ich empfinde und was meine Bedürfnisse sind. Was ich sagen will, ist: »Du bist mir wirklich wichtig. Ich möchte dir nahe sein und mehr Zeit mit dir verbringen. Ich muss dir sagen dürfen, wenn ich wütend bin. Liebe mich genug, um mir zuzuhören.«

»Eines ist sicher: Eine Beziehung ist nur so gut wie ihre Kommunikation. Wenn wir einander ehrlich sagen können, wer wir sind, d. h. was wir denken, fühlen, lieben, schätzen, achten, hassen, befürchten, wünschen, hoffen, woran wir glauben und wofür wir kämpfen, dann – und nur dann – können wir beide wachsen und reifen. Dann und nur dann kann und darf jeder von uns sein, was er ist; sagen, was er denkt; mitteilen, was er fühlt; ausdrücken, was er liebt. Das ist die eigentliche Bedeutung des Begriffs ›authentisch sein‹: dass mein Äußeres wirklich mein Inneres widerspiegelt, d. h. dass ich mich dem anderen ehrlich mitteilen kann. Und das kann ich nicht, wenn du mir nicht dabei hilfst. Wenn du mir nicht hilfst, kann ich nicht wachsen, glücklich sein oder wirklich zum Leben erwachen.

Ich muss die Freiheit haben, dir meine Gedanken sagen zu können, dir meine Urteile und Werte mitzuteilen und dich meinen Befürchtungen und Enttäuschungen aussetzen zu dürfen. Ich muss dir bekennen dürfen, was ich falsch gemacht habe und wofür ich mich schäme, aber auch meine Siege mit dir teilen können. Vorher kann ich mir nicht sicher sein, wer ich bin und wer ich werden kann. Anders ausgedrückt: Ich muss dir sagen können, wer ich bin, bevor ich es selbst weiß. Und ich muss wissen, wer ich bin, bevor ich wahrhaftig handeln kann, d. h. in Übereinstimmung mit meinem wahren Ich.«[1]

»Warum lässt du immer deine Siebensachen im ganzen Haus herumliegen?«, fragen Sie.

»Warum kannst du nicht einmal aufräumen?!«

»Warum interessierst du dich nur immer für deinen Kram?«

Niemand antwortet Ihnen. Ihre Fragen verhallen ungehört. Sie werden laut: »Warum nimmt denn keiner mal ein bisschen Rücksicht?«

Ihr Sohn hebt den Kopf und schaut Sie an: »Warum beginnen eigentlich alle deine Fragen mit ›Warum‹?«

»Warum nicht?«, geben Sie verärgert zurück.

»Ich weiß nicht«, sagt Ihr Sprössling, »aber es klingt immer wie eine Falle. Wenn wir den Grund sagen, kannst du uns über den Mund fahren und sagen, das sei doch kein Grund.«

»Was sollte ich denn deiner Meinung nach sagen?«, fragen Sie. (Die erste Frage ohne ›warum‹!)

»Sag doch einfach, was du genau willst«, entgegnet er.

»So, wie ich es gerade tu. Stell uns keine Fallen, sei einfach ehrlich.«

---

[1] John Powell: *Why Am I Afraid To Tell You Who I Am?*, Los Angeles, 1969

Um eine Botschaft zu kommunizieren, muss man eine Aussage machen. Wenn man etwas wissen will, muss man Fragen stellen. Eine klare Sprache zu sprechen heißt: sagen, was gesagt werden sollte, fragen, was zu fragen ist – und sich weigern, beides zu verwechseln. Wenn Fragen gestellt werden, um versteckte Aussagen zu platzieren oder Aussagen eigentlich versteckte Fragen sind, führt das zu Verwirrung, die niemanden weiterbringt.

Das am häufigsten missbrauchte Kommunikationselement ist die Frage. Fragen können clevere, Druck ausübende oder versteckte Wege sein, entweder Meinungen zu äußern oder andere zu manipulieren. Hier sind sechs der gebräuchlichsten Pseudo-Fragen (und jeweils eine Möglichkeit, ihnen wirkungsvoll zu begegnen):

Die suggestive Frage. (»Findest du nicht auch, dass . . .?«; »Würdest du nicht viel lieber . . .?«) Diese Art der Frage schränkt die Bandbreite möglicher Reaktionen ein und versucht den Angesprochenen in eine Position zu drängen, die er gar nicht einnehmen will, die aber dem Fragesteller genehm ist.

Auf die Frage: »Findest du nicht auch, dass . . .?«, gibt es eine wirksame Antwort, nämlich: »Nein, finde ich nicht. Wenn es deine Meinung ist, dann sprich für dich selbst.«

Die strafende Frage. (»Warum hast du das getan/gesagt/versucht?«) Eine solche Frage straft, indem sie versucht, einen inneren Konflikt im anderen auszulösen oder das Gegenüber in ein Licht von Unsicherheit, Widersprüchlichkeit, Unehrlichkeit oder falscher Motivation zu rücken.

Auf eine Frage wie: »Warum hast du . . .?«, können Sie reagieren mit: »Ich werde dir sagen, was ich will.«

Die fordernde Frage. (»Wann wirst du wohl endlich . . .?«) Diese Frage drückt eine Forderung aus oder schleust gar einen versteckten Befehl ein, verkleidet in einer ahnungslos und ehrlich klingenden Erkundigung. Die Frage: »Ab wann kann man denn damit rechnen, dass du . . .?«, beantworten Sie am direktesten mit: »Sag mir, wann du es haben willst.«

Die träumende Frage. (»Wenn du hier das Sagen hättest, würdest du dann . . .?«) Hierauf ist nur eine hypothetische Antwort möglich. Das Ziel dabei ist, den anderen zu kritisieren, seinen Standpunkt unsinnig oder zumindest unwichtig erscheinen zu lassen, es aber mit einem harmlos anmutenden Gedankenspiel zu tun. Auf die Frage: »Mal angenommen, du könntest – würdest du . . .«, antwortet man am besten: »Ich kümmere mich lieber um das, was ich im Moment tatsächlich tun kann.«

Die stichelnde Frage. (»Worauf wartest du noch?«; »Was soll denn das nun wieder heißen?«) Diese Form der Frage ist vielseitig verwendbar und kann eine Reihe von Bedeutungen haben: (a) »Erklär bitte genauer, was du meinst, ich höre dir zu.« (b) »Was willst du mir damit unterstellen?« (c) »Wie kannst du es wagen, so mit mir zu reden!« (d) »Kannst du nicht mal deutsch sprechen, du Angeber?« (e) »Du greifst mich an.«

Die stichelnde Frage hat genauso viele Bedeutungsebenen, wie der Empfänger hören will, aber eindeutig ist sie nie. Wie auch immer sie interpretiert wird, der Fragesteller kann immer sagen: »So hab ich das gar nicht gemeint!«

Die taktische Frage. (»Hast du nicht mal gesagt . . .?«) Hier wird der andere in eine Position manövriert, in der er festgelegt werden kann und eine gute Zielscheibe ist. Auch auf die Frage: »Hast du nicht früher immer gesagt, dass . . .?«, gibt es eine Antwort: »Wenn du meine Meinung wissen willst, frag mich nach dem, was heute ist.«

Ich könnte ohne diese Fragen auskommen. Vor allem ohne die Warum-Fragen. Warum-Fragen stellen meist einen versteckten Versuch dar, Macht und Kontrolle auszuüben. Ich möchte Warum-Fragen aus meinen Beziehungen verbannen. Ich will stattdessen nach dem Was und Wie fragen. Damit bekomme ich alle Informationen, die ich brauche, um eine Beziehung zu führen. »Warum« stellt in Frage, wertet ab, verurteilt Motive und Absichten. »Was« oder »wie« beschäftigen sich mit dem, was für die Beziehung wichtig ist und damit, wie wir es erreichen können.

Wenn es geht, möchte ich aber lieber Aussagen machen als Fragen stellen. Fragen, die den einfachen Wunsch nach näherer Erklärung oder weiterführender Information ausdrücken, sind nützlich. Schlagabtausch- und Fluchtweg-Fragen sind doppelbödig. Sie sind in Wirklichkeit dazu gedacht, zu kommentieren, zu kritisieren oder anzugreifen – ohne aber die Verantwortung dafür übernehmen zu müssen. Ihre Botschaft ist nicht eindeutig, und so lassen sie den Hörer bei jedem Gespräch mit einer Art Multiple-Choice-Test zurück. Darauf kann ich verzichten.

Die Liebe benutzt nicht die versteckte Waffe der scheinbar harmlosen Frage, sondern macht vielmehr klare Aussagen: Du bist mir wichtig. Ich brauche dich. Ich brauche deine Hilfe. Ich möchte von dir geachtet und respektiert werden. Die Liebe ist ehrlich und offen im Gespräch. Liebe stellt keine Fallen auf.

»Warum hast du gestern Abend den Wagen genommen, wo du doch genau wusstest, dass ich ihn brauche!«, will Ihr Mann von Ihrem Sohn wissen. Der zuckt nur mit den Schultern, völlig desinteressiert. »Ich will wissen, warum du mich mit so etwas absichtlich provozierst!«

»Mann, ich mach nur mein Ding, okay?«, sagt Ihr Sohn entnervt. »Du kannst ja machen, was *du* willst.«

Die beiden reden mal wieder aneinander vorbei. Wollen Sie eingreifen? Ihr Mann sagt: »Ich möchte mal wissen, warum du dich mir immer widersetzen musst!«, aber der Junge geht nicht auf die Frage ein. Er weiß, dass er mit jeder Antwort in die Falle tappen würde, weil sein Vater sagen wird: »Das ist doch idiotisch!« Es ist ein Teufelskreis, den Sie auf jeden Fall vermeiden möchten.

»Ich halte mich da raus«, sagen Sie. Aber vielleicht könnten Sie den Schiedsrichter spielen. Sie könnten die beiden Kontrahenten dazu bringen, dass sie sich auf ein paar einfache, klare Spielregeln einigen. Vielleicht lernen sie dann, mit fairen Mitteln zu kämpfen.

Sie stellen also folgende Regeln auf: Der Beschwerdeführer fängt an. Jeder nur einen Spielzug. Keine Fangfragen, nur klare Statements. Kein Drumherumreden, sondern eine ehrliche Aussage zum Kern der Sache. Zum Beispiel: »Dein Verhalten wirkt auf mich...«, »Wenn du dieses oder jenes tust, dann fühle ich mich...«, »Was ich eigentlich von dir erwarte, ist...«

Nun muss der Gegner die Botschaft wiederholen, mit einem einfachen Ja oder Nein antworten oder einen Kompromiss anbieten. Einfache Regeln – aber sie machen es möglich, durch den Konflikt hindurch liebevoll die Wahrheit zu sagen.

Klare Kommunikation gibt klare, einfache Ja- und Nein-Antworten.

»Sagt einfach Ja oder Nein, jedes weitere Wort ist vom Teufel«, sagt Jesus in Matthäus 5,37. Liebe beinhaltet klare Jas und Neins.

»Na klar, ihr könnt auf mich zählen«, sagen Sie in den Telefonhörer, »ich arbeite gern mit den kleinen Jungs. Die Jung-

34

schargruppe unserer Kirche zu übernehmen, macht bestimmt Spaß. Ja, ich komme zum Mitarbeitertreffen.«

Sie legen auf, drehen sich um und schauen in die fragenden Augen Ihrer Frau. »Liebling, es ist ja nur einmal die Woche zwei Stunden. Es ist eine wichtige missionarische Arbeit der Gemeinde, da kann ich die anderen doch nicht hängen lassen.«

»Wenn wir selber einen Jungen in der Gruppe hätten, wäre es etwas anderes«, sagt Ihre Frau, »aber, Michael, du hast einfach nicht die Zeit dafür!«

»Die muss ich mir halt nehmen. Einer muss es schließlich machen, oder?«

»Aber wenn du dir die Zeit dafür nimmst, nimmst du sie deinen Töchtern, mir, unserer Ehe und dir selber weg!«

»Ja, du hast ja Recht. Dienstags ist Hauskreis, mittwochs Volkshochschule, am Freitag Sport – von Sondergeschichten und Familienterminen ganz zu schweigen.«

»Wann sagst du endlich mal Nein?«, fragt Ihre Frau. »Wenn wir keine Zeit mehr füreinander haben, entfernen wir uns voneinander, werden uns fremd. Und das bisschen Zeit, das wir doch noch haben, brauchen wir, um unsere Konflikte zu bewältigen. Es bleibt nichts übrig für schöne, schlichte Zweisamkeit.«

»Ich kann aber nicht Nein sagen«, fangen Sie wieder an.

»Du *willst* nicht Nein sagen«, korrigiert Ihre Frau Sie.

»Gut, vielleicht ist es so. Ich fürchte wahrscheinlich, nie mehr gefragt zu werden, wenn ich einmal ablehne. Ich will aber nicht übergangen werden, wenn Mitarbeiter gefragt sind. Andererseits will ich auch Zeit für meine Familie haben. Vielleicht kann ich doch Nein sagen. Ich glaube, das werde ich tun.«

Wenn ich mich entschieden habe, will ich klare Ja- oder Nein-Signale senden. Ja-Signale sind leicht. Nein-Signale sind oft sehr viel schwieriger. »Nein« ist eins der Wörter, die am schwierigsten auszusprechen sind – vor allem von Angesicht zu Angesicht.

»Ich kann doch dem Chef nichts abschlagen«, versuchte ein junger Mann mir zu erklären. »Ich muss einfach tun, was er verlangt. Ich habe keine Wahl.« Das bezweifle ich.

»Ich kann Fred gegenüber nicht Nein sagen, ich kann es einfach nicht!«, war die Ausrede einer jungen Ehefrau für ihre Unentschlossenheit, die dazu führte, dass die Freundschaft zu ihrem Arbeitgeber zum außerehelichen Verhältnis wurde. »Ich will nicht Nein sagen«, wäre die ehrlichere Aussage gewesen.

»Ich kann nicht« ist selten die Wahrheit. Oft ist dieser Satz schlichtweg die Weigerung, Verantwortung für eine Entscheidung zu übernehmen. »Ich will nicht! Ich weigere mich, die Verantwortung für mein Handeln zu tragen«, wäre eine ehrlichere Aussage.

Sie können Nein sagen – wenn Sie es wollen. Sie können Nein sagen, wenn Sie vorher Ja gesagt haben – ja zu mehr Zeit mit Ihrer Familie, für Ihre Beziehungen, Zeit um Mensch zu sein, Zeit für Ihre geistige und geistliche Weiterentwicklung, Zeit für Ihr wahres Ich.

Sagen Sie Ja zu ihren Werten! Und schützen Sie dieses Ja mit Ihrem Terminkalender.

Ihr Gesicht fühlt sich an wie eine Maske, als Sie aus dem Chefzimmer kommen. Als hätte jemand Ihnen ein Lächeln hineingeschminkt. Innerlich war Ihnen aber zu allem anderen als zum Lachen zu Mute. Jetzt werden Sie Ihr Mittagessen herunterschlingen, um – eilig, eilig – den Laufburschen für Ihren schärfsten Konkurrenten in der Firma zu machen. »Kein Problem! Mach ich! Okay!«, hören Sie sich sagen. Aber…

»Ich bin eben zu gut für diese Welt«, sagen Sie sich. »Ich will es immer allen recht machen. Ich lächle. Ich sage ja, ja, ja und bin innerlich völlig ausgebrannt. Wenn die sich doch auch mal auf jemand anderen verlassen könnten! Aber wann immer sie mich fragen, sage ich: ›Wofür sind Freunde denn da!‹ Und wenn trotzdem mal einer sauer auf mich ist, bin ich derjenige, der sagt: ›Komm, wir sind doch Freunde, oder?‹ Ich bin einfach ekelhaft nett, äußerlich jedenfalls. Innerlich bin ich wie jeder andere auch. Ich würde gerne mal nein sagen können. Was ich wirklich möchte, ist frei sein – frei, für mich selbst zu entscheiden, und frei, ganz ich selbst sein zu können.«

Sag die Wahrheit. Sei wahrhaftig. Handle aufrichtig. So wie Jesus es sagt: »Sagt einfach Ja oder Nein, jedes weitere Wort ist vom Teufel.«

Für die Praxis

1. Trainieren Sie Ihre Geschicklichkeit im Zuhören, indem Sie neue Arten des Hörens, des Mitfühlens und des Für-andere-Daseins einüben:

(1) Setzen Sie sich in Augenhöhe einem Kind gegenüber. Lassen Sie Ihr inneres Kind zum Vorschein kommen und mit dem kleinen Jungen oder dem Mädchen, das gerade mit Ihnen spricht, spielen. Hören Sie mit Ihren Augen. Nehmen Sie bewusst wahr, was Sie hören. Überlegen Sie sich, wie sie diesem Kind seine kostbare Einzigartigkeit bestätigen können.

(2) Hören Sie einem Freund zu. Zeigen Sie ihm Ihre Zuneigung, ohne sie in Worte zu fassen. Versuchen Sie, keine Fragen zu stellen, ihm Stichworte zu geben oder seine Sätze zu vervollständigen.

(3) Hören Sie jemandem zu, den Sie eigentlich nicht mögen. Versuchen Sie, ihm oder ihr *wirklich* zuzuhören. Vielleicht ändert sich ja Ihre Einstellung. Machen Sie sich den inneren Widerstand einmal bewusst, den Sie gegen die Nähe dieses Menschen verspüren. Vielleicht gelingt es Ihnen ja sogar, ein paar Worte des Verständnisses, der Wertschätzung oder der schlichten Freude mit ihm zu wechseln.

(4) Hören Sie auf Gott. Am besten mit einem Kugelschreiber in der Hand. Machen Sie sich Notizen, wenn Sie etwas Neues wahrnehmen. Setzen Sie dem freien Spiel Ihrer Gedanken keine Grenzen, aber seien Sie offen dafür, dass Gott Ihnen seine Liebe mitteilen will.

2. Üben Sie eine einfache, klare, eindeutige Sprechweise.

(1) Lassen Sie alle Übertreibungen oder effektvollen Ausschmückungen in Ihrer Sprache. Seien Sie sparsam mit Adjektiven.

(2) Verbannen Sie alle vagen Vermutungen oder unbewiesenen Behauptungen. Stellen Sie nichts als Tatsache hin, was Sie nur vermuten, und behaupten Sie nicht, besser informiert zu sein oder mehr Fakten zu kennen, als tatsächlich der Fall ist.

(3) Versuchen Sie einen ganzen Tag lang ohne Fragen zu leben. Wenn Sie Informationen brauchen, sagen Sie etwas wie: »Ich frage mich, ob…«, oder: »Ich wüsste gerne, ob…«

(4) Suchen Sie immer wieder nach neuen Wegen, Ja und Nein zu sagen und dabei ehrlich zu bleiben. Statt: »Tut mir Leid, aber da kann ich nicht«, versuchen Sie zu sagen: »Nein, danke, aber ich möchte meine Zeit lieber für meine Familie verwenden.«

Ich bin nicht wütend!
  (Ich mache mir nur Sorgen.)

Ich werde nicht wütend!
  (Ich bin nur verletzt.)

Siehst du? Du hast mich wütend gemacht!
  (Es ist alles deine Schuld.)

Verstehst du? Du machst mich wahnsinnig!
  (Du bist im Unrecht.)

3

Ärger eingestehen –

Zeigen Sie Ihre zwei Gesichter!

Ihre Frau hat vor zwei Tagen eine sehr verletzende Bemerkung gemacht und sich immer noch nicht entschuldigt. Ihre Tochter brachte nicht mal ein Dankeschön heraus, als Sie ihr das kleine Geschenk gekauft hatten. Ihr Sohn hat wieder mal vergessen, den ausgeliehenen Fotoapparat zurückzubringen. Und jetzt sind Sie sauer auf jeden. Auf alle. Und auf alles.

Ärger ist eine Forderung. »Ich verlange eine Entschuldigung von dir – und zwar die, die ich will!«

»Ich verlange Dankbarkeit und Wertschätzung für meine Geschenke – und zwar so, dass es mir gefällt.«

»Ich verlange, dass meine Dinge wieder zurückkommen – und zwar dann, wenn ich es sage!«

Das ist der eigentliche Antrieb des Ärgers: ein Verlangen, dass andere Ihre Forderungen erfüllen sollen.

Obwohl Sie diese Forderungen selten oder nie aussprechen, sind sie da, innerlich, als Gefühle, die Ihren Ärger nähren.

»Was wäre, wenn ich wirklich sagen würde, was ich fühle, wenn ich meine Forderungen laut und deutlich stellen würde? Dann könnte ich entweder weiter darauf bestehen oder sie in den Wind schreiben, über sie lachen und die Sache vergessen …«

Freiheit von der Herrschaft des Ärgers beginnt da, wo Sie Ihren heimlichen Forderungen an andere auf die Spur kommen. Sie wahrzunehmen und laut auszusprechen hilft Ihnen dabei, den Ärger zuzugeben und sich zu ihm zu bekennen. Dann haben Sie nämlich die Wahl, (1) über die Forderungen zu verhandeln, wenn sie wichtig sind, oder (2) sie zurückzunehmen, wenn sie es nicht sind.

Freiheit ist möglich, wenn man die eigenen Forderungen an andere offen und ehrlich betrachtet. Weisheit ist möglich, wenn man bereit ist, unfaire Forderungen zurückzunehmen. Reife ist möglich, wenn man anderen die Freiheit lässt, ohne den Zwang kontrollierender Forderungen zu leben und zu wachsen.

> Unter meinem Ärger-Gefühl
> liegen verborgene Erwartungen
> (die mir vielleicht noch gar nicht bewusst sind).
> In meinen ärgerlichen Äußerungen
> verbergen sich versteckte Forderungen
> (die ich vielleicht noch gar nicht in Worte fassen kann).

Egal, ob sie einem bewusst sind oder nicht: Die Forderungen sind da. Ärger ist eine Forderung. Vielleicht die Forderung, dass du mich hörst. Oder dass du mich wertschätzt. Oder dass du mich als kostbar und liebenswert betrachtest. Oder dass du mich respektierst. Oder dass du mich loslässt. Oder dass du aufhörst, die Verantwortung für mein Leben zu übernehmen.

Die Forderungen kommen immer dann zum Vorschein, wenn ich mich von dir abgewiesen fühle oder wenn ich auch nur das Gefühl habe, du *könntest* mich als wertvollen Menschen ablehnen. Der Seelsorger Dr. Frank Kimper schreibt dazu:

»Du bist wertvoll, einfach dadurch, dass du bist. Du bist so geboren. *Dies zu erkennen und von dieser Wahrheit erfasst zu werden, heißt zu lieben.*

Die Erfahrung scheint zu bestätigen, dass *nur, wenn diese Grundhaltung vorherrscht,* harmonische Beziehungen möglich sind. Dieses allgemein gültige Gesetz ist bereits vielfach aufgestellt worden – von den Juden zum Beispiel als ein einfaches und direktes Gebot Gottes: ›Liebe deinen Nächsten wie dich selbst.‹ Der Zusatz ›wie dich selbst‹ beinhaltet zu Recht, dass *Liebe zum Selbst angeboren* ist. Jeder Mensch spürt *instinktiv* den unschätzbaren Wert seines eigenen Wesens und reagiert *reflexartig*, wenn er es gegen Bedrohungen schützen muss.

Genauer könnte man sagen: Wir alle gehen automatisch in Verteidigungs-Stellung, wenn wir Ablehnung fürchten. Ignoriert zu werden, als gäbe es mich nicht, ist unerträglich. Behandelt zu werden, als wäre ich wertlos, ist widerwärtig. Instinktiv, spontan reagiere ich, um den unbezahlbar wertvollen Schatz meines Daseins und Soseins zu erhalten und zu bekräftigen, das heißt: Ich werde wütend. Ich schlage zurück oder, wenn ich sehr verletzt wurde, ziehe mich in ein Schneckenhaus zurück, um, so gut es geht, jenes Juwel zu schützen, dass ich ›mein Ich‹ nenne.

Aber meine Reaktion aufs Ignoriertwerden hat noch einen zweiten Zweck, nämlich mit ärgerlichen Worten oder schmollendem Mund von den anderen zu fordern, dass sie diesen meinen Wert anerkennen und sich entsprechend verhalten. Solche Forderungen scheitern, weil ich damit selbst diejenigen abweise und ignoriere, von denen ich geliebt werden möchte. Und wenn die Fronten erst einmal verhärtet sind, ist der einzige Ausweg, dass einer von beiden – am besten beide – zu einer liebevollen Haltung zurückfinden, die es ermöglicht, den Wert des anderen zu sehen und zu bestätigen, und zwar *unabhängig von seinem Verhalten*.

Ich habe noch nie einen Menschen getroffen, auf den dies nicht zuträfe, denn die Selbstliebe ist ein vom Schöpfer eingebauter, angeborener Reflex. Wir alle sind so erschaffen worden.«[2]

Ärger ist eine Forderung, »dass du meinen Wert erkennst«. Wenn ich das Gefühl habe, dass jemand mich vereinnahmt oder zurückdrängt (indem er oder sie mich beherrschen will, mich gar nicht mehr wahrnimmt, mich benutzt oder mich ungefragt in die Lebensplanung einbaut), dann werde ich wütend.

Eigentlich bekomme ich es zuerst einmal mit der Angst zu tun. »Angst ist ein Indiz dafür, dass das Selbstvertrauen, die Selbstachtung gefährdet ist«, sagt Harry Stack Sullivan.[3] Wenn meine Freiheit, ich selbst sein zu dürfen, in Gefahr ist, werde ich ängstlich und angespannt und bereite mich darauf vor zu handeln. Flucht? Ärger? Oder Einigung?

Flucht ist manchmal weder möglich noch sinnvoll. Eine Einigung scheint in weiter Ferne zu liegen, denn ich nehme dich als Bedrohung wahr, indem du meine Freiheit missachtest, meinen Wert leugnest und mich zu benutzen versuchst. Also ist Ärger die naheliegendste Option.

»Ärger ist der Fluch zwischenmenschlicher Beziehungen«, sagt Sullivan treffend. Ein Fluch deshalb, weil der Ärger als Ventil für die Angst sofort Erleichterung verschafft. Aber: Wenn jemand seinem Ärger Luft macht, verdunkeln die Zorneswolken seine Erinnerung an den eigentlichen

---

2 Frank Kimper: *Love and Anger*, Claremont, 1971
3 Harry Stack Sullivan: *The Psychiatric Interview*, New York, 1954

Auslöser für den Ärger. Seine Forderungen sind ihm in dem Moment nicht deutlich bewusst, und seine Fähigkeit zu einer vernünftigen, gemeinsamen Lösung zu kommen, ist stark eingeschränkt.

Und doch entscheiden wir uns – bewusst oder unbewusst – immer wieder dafür wütend zu werden. Warum?

Ärger ist eine sehr viel angenehmere Erfahrung als Angst. Tatsache ist, dass es sehr viel einfacher ist, ärgerlich zu sein, als ängstlich. Auch wenn beide Gefühle nicht besonders erfreulich sind, spricht alles für den Ärger. Ärger erschöpft einen … und macht langfristig den Konflikt meist nur noch schlimmer, aber wütend zu sein, löst auch ein eigenartiges Gefühl der Macht aus.

Sehen Sie sich einmal das Muster an: (1) Ich bin frustriert in meiner Beziehung zu jemand anderem. (2) Ich empfinde, dass der andere mich zurückweist – meinen Wert, meine Bedürfnisse, meine Freiheit und meine Bitten. (3) Ich bekomme plötzlich heftige Angst. (4) Ich verjage diese Angst mit meinem Ärger, was die Sache nur weiter verkompliziert. (5) Ich fühle mich vielleicht schuldig für mein Verhalten und werfe dem anderen seine Rolle in dieser schmerzlichen Erfahrung vor.

Angst ist das zugrunde liegende Gefühl. Sie signalisiert mir, dass ich einer Bedrohung ausgesetzt bin, eine Gefahr wahrnehme oder (unbewusst) registriere, dass die Reaktion eines anderen meinen Wert in Frage stellt.

Ärger ist ein sekundäres Gefühl. Er signalisiert, dass Forderungen ausgedrückt werden dem gegenüber, der meinen Schmerz, meine Verletzung und Frustration verursacht.

Wenn ich meine Angst eingestehe und konstruktiv mit meinen Forderungen umgehe, können meine plötzliche Angst und meine wütende Reaktion dazu dienen, Beziehungen neu zu verhandeln, bis sie für beide Seiten befriedigend sind.

Sie stehen im Wohnzimmer und schauen durch das Fenster Ihrem Sohn nach. In Gedanken spielen Sie das Gespräch von eben noch einmal durch. »Wie blöd kann man eigentlich sein?!«, haben Sie ihm an den Kopf geworfen. »Du hast es mal wieder vermasselt! Du bist doch wirklich zu nichts zu gebrauchen! Wenn du dein Leben nicht bald auf die Reihe kriegst, dann kannst du sehen, wo du bleibst!«

Und da geht er nun. Ärger und Ablehnung sind an seinen hängenden Schultern deutlich abzulesen.

»Er hat es vermasselt?«, fragen Sie sich. »Ich habe es erst recht vermasselt. Ich werde jedes Mal wütend, greife ihn persönlich an, putze ihn runter und untergrabe sein Selbstvertrauen, bis nichts mehr übrig ist. Und es führt zu nichts. Aber was können wir sonst tun? Wenn ich doch mit dem, was er tut, umgehen könnte, ohne ihn dauernd anzugreifen. Das wäre der entscheidende Neuanfang. Ich könnte es versuchen.«

Wenn ich derjenige bin, der den Ärger eines anderen abbekommt, dann will ich genau hinhören, welche Botschaften sein Ausbruch enthält, und prüfen, welche Forderungen er stellt. Aufmerksames Zuhören ist wichtig um zu erkennen, was der andere eigentlich einfordert, es durch klare Aussagen zu klären und zu einem sauberen Konflikt zu gelangen. Dann habe ich die Wahl, zu den geäußerten Forderungen Ja oder Nein zu sagen. Vielleicht reagiere ich selbst auch mit Ärger, aber ich möchte ihn mit ehrlichen »Ich«-Botschaften ausdrücken und nicht in explosiven »Du«-Feststellungen.

Explosiver Ärger kann keine effektive Veränderung einer Beziehung bewirken. Er verbraucht dringend benötigte

Energien, steigert die negativen Gefühle, verärgert die anderen Beteiligten und bringt nichts außer einer vorübergehenden Ventilfunktion. »Sich mal richtig Luft zu machen« mag vielleicht überhitzte Gefühle wohltuend abkühlen und eine schnelle (aber eben auch kurzlebige) Erleichterung für die gequälten Gefühle sein, aber es bringt kaum etwas für die Beziehung.

Klar ausgedrückter Ärger ist etwas anderes. Eindeutige Aussagen über meinen Zorn und meine ärgerlichen Forderungen können emotionale Mauern oder verhedderte Kommunikationsstränge durchtrennen und neuen Kontakt ermöglichen.

Wenn ich wütend bin, möchte ich klare, einfache »Ich«-Botschaften senden. »Du«-Botschaften sind meist Angriffe, Kritik, Abwertungen, Etikettierungen oder Schuldzuweisungen.

»Ich«-Botschaften sind ehrlich, klar, bekenntnishaft. In »Ich«-Botschaften stehe ich zu meinem Ärger, meiner Verantwortung und meinen Forderungen, ohne einen Schuldigen zu suchen. Achten Sie einmal auf den Unterschied zwischen »ehrlichem Bekenntnis« und »verzerrter Abweisung«:

»Ich«-Botschaften	*»Du«-Botschaften*
◇ Ich bin wütend.	◇ Du machst mich wütend.
◇ Ich fühle mich abgelehnt.	◇ Du verurteilst mich und lehnst mich ab.
◇ Ich mag die Wand zwischen uns nicht.	◇ Du baust eine Mauer zwischen uns auf.

◇ Ich mag keine Schuld-
zuweisungen.

◇ Du meckerst doch an
allem herum.

◇ Ich will die Freiheit
haben, Ja oder Nein zu
sagen.

◇ Du bevormundest mich
und willst mein Leben
führen.

◇ Ich möchte wieder res-
pektvolle Freundschaft
mit dir.

◇ Du musst mich respektieren, sonst bist du nicht
mein Freund.

Ärger ist ein positives, selbstbestätigendes Gefühl, das reflexartig auf die Bedrohungen durch Ablehnung oder Ab-
wertung reagiert, um zu sagen: (1) Ich bin ein wertvoller
Mensch, und: (2) Ich fordere, dass du mich anerkennst und
respektierst.

Die Energie des Zorns kann eine Bestätigung der eigenen
Person bewirken, wenn sie von Liebe gesteuert wird – also
dem Bewusstsein, dass der andere ebenso wertvoll ist wie
man selbst.

Diese Energie kann schöpferische Kräfte freisetzen, wenn
ich sie gebrauche, um (1) mein eigenes Verhalten zu ändern,
das den Wert des anderen missachtete, und (2) den anderen
mit der Notwendigkeit zu konfrontieren, dass er sein liebloses
Verhalten ändern muss. Die im Ärger enthaltene Energie
kann sich auf die Ursache des Ärgers richten, um ans Tageslicht zu bringen, welche Forderungen ich stelle und diese
einzugestehen. Dann kann ich mich entweder korrigieren,
indem ich meine Forderungen fallen lasse, oder aber an den
anderen appellieren, sie anzuhören und darauf zu reagieren,
wie ich unsere Beziehung sehe und was ich erwarte.

Meinen Ärger gegen das Verhalten des anderen zu richten,
anstatt gegen seine Person, befreit mich dazu, den anderen als

ebenbürtiges Gegenüber zu betrachten, während ich meine Forderungen verteidige. Die Freiheit, meine Wertschätzung des anderen auszudrücken, obwohl ich mich über sein oder ihr Verhalten ärgere, erhält den Kontakt zwischen uns beiden aufrecht, während wir zu dem vordringen, was mich wütend macht. So kann ich gleichzeitig ärgerlich sein (über ein Verhalten) und liebevoll (zu einer Person).

Plötzlich bricht der Ärger hervor – und das am Ort der Anbetung, mitten in der Synagoge! Ein Mann mit einer gelähmten Hand ist gekommen und hat Jesus gebeten ihn zu heilen.

Die religiösen Führer (1) schauen missbilligend zu, (2) vermuten, dass Jesus wahrscheinlich ihr striktes Gesetz brechen wird, am Sabbat niemandem einen Dienst zu erweisen, und (3) freuen sich schon diebisch auf einen solchen Gesetzesbruch, damit sie Jesus endlich einer illegalen, religiös anstößigen und unverantwortlichen Tat anklagen können.

Jesus geht weder dem bedürftigen Kranken noch seinen Kritikern aus dem Weg.

»Steh auf und komm hierher nach vorne«, sagt er zu dem Kranken. Dann wendet er sich an die Pharisäer. Er ist sich ihrer Forderungen sehr wohl bewusst – Forderungen, die charakteristisch sind für viele religiöse Führer bis heute –, nämlich (1) dass Prinzipien Vorrang haben vor dem Leiden von Menschen, (2) dass frommer Anstand höher zu achten ist als die Bedürfnisse eines Bruders, und (3) dass Gesetzesgehorsam wichtiger ist als menschliches Leben und die Liebe zum Nächsten.

Jesus bündelt ihre Forderungen in einer Gegenfrage, die die Gesetzeslehrer so gerne diskutieren: »Was ist wahrhaftig, gerecht und gut? Am Sabbat Gutes zu tun oder Böses zu tun? Leben zu retten oder Leben zu zerstören?« Doch indem er das tut, konfrontiert er sie mit ihren Forderungen und weist diese ganz klar zurück.

Die Antwort ist Schweigen.

Jesus ist tief verletzt von ihrer Unmenschlichkeit. Er betrachtet sie ärgerlich. Sein Blick geht vom einen zum anderen. Seine Forderung ist klar: Seid menschlich! Liebt einander! Sorgt euch um eure Mitmenschen! Nehmt die Bedürfnisse dieses Mannes ernst! Seht in ihm den wertvollen Menschen!

Dann tut Jesus das Verantwortungsvolle, Liebevolle, Fürsorgliche: »Streck deine Hand aus«, sagt er zu dem Mann. Der Patient streckt sie aus, und sie ist so gesund wie die andere (vgl. Markus 3,1-6)!

Das ist klarer, gebündelter, kreativer, kontrollierter, dynamischer Zorn!

◇ Hass ist Sünde.   ◇ Liebe ist eine Tugend.

◇ Ärger ist schlecht.   ◇ Zuneigung ist gut.

◇ Konfrontation ist brutal. ◇ Fürsorge ist wunderbar.

◇ Offenheit ist fragwürdig. ◇ Diplomatie ist weise.

Denken Sie in solchen klar definierten Kategorien? Lehnen Sie Hass, Ärger, ehrliches Bewusstsein und konkretes Ausdrücken Ihrer wahren Gefühle und Perspektiven in klarer Konfrontation mit anderen ab? Die eine Hälfte Ihres emotionalen Spektrums auszuschalten und alle negativen Gefühle zu verleugnen hieße, dass Sie sich weigern ein ganzer Mensch zu sein. Alles Negative zu leugnen und zu unterdrücken würde gleichzeitig auch bedeuten, die vollen Ausdrucksmöglichkeiten Ihrer positiven Seite zu erdrücken.

Die Gefahr, dass wir andere mit unseren positiven Gefühlen und Aktivitäten – Liebe, Freundlichkeit, Sanftheit, Toleranz und Charme – benutzen und missbrauchen, existiert ebenso wie die Versuchung, andere mit unseren Negativ-Reaktionen – Ärger, Schroffheit, Kritiksucht, Irritation – zu verletzen und zu zerstören. Vereinnahmt und unterdrückt zu werden von einer erstickenden Liebe, einer übertriebenen Freundlichkeit oder einer »Ich-will-doch-nur-dein-Bestes«-Hilfsbereitschaft ist gefährlicher als unverblümte, direkte Offenheit. Offenheit kann man wenigstens zurückweisen anstatt gegen eine undefinierbare, klebrige Masse aus zuckersüßer Liebe zu kämpfen.

Riskieren Sie, beide Seiten Ihres Wesens mitzuteilen, damit Sie sich in Ihre Beziehungen als ganzer Mensch einbringen können.

Stehen Sie offen zu Ihren negativen (ehrlicher Zorn) wie zu Ihren positiven Anteilen (aufbauende Liebe). Lassen Sie Ihre zwei Gesichter sehen.

Jeder Mensch hat zwei Seiten, und beide sind wichtig. Beide gilt es anzunehmen. Beide sind wertvoll. Beide sind liebenswert.

Wir ziehen es vor zu denken, dass Gott nur unser Bestes will, dass er nichts zu tun haben will mit Schwachheit, Unsicherheit und Ängsten. Keineswegs! Gott nimmt unsere Schwachheit genauso an wie unsere Stärken, unsere Furcht ebenso wie unsere Zuversicht, unseren Ärger nicht weniger als unsere Sanftheit.

Gott liebt ganze Menschen.

Solche Liebe macht Ganzheitlichkeit in ihrer vollkommensten Form möglich. In dem Maße, wie wir Gottes Liebe kennen lernen und erfahren, sind wir mit beiden Seiten unserer Persönlichkeit angenommen. »Gott kennt das Beste und das Schlimmste von uns. Und das Beste ist: Gott liebt uns so oder so!«

Ich darf mir meiner ärgerlichen Gefühle bewusst sein (Ich bin angenommen!).

Ich darf meinen Groll, meinen Hass, meine Feindseligkeit bekennen (Ich bin geliebt!).

Ich darf neue Wege entdecken, mit meinen negativen und positiven Gefühlen umzugehen (Ich bin zum Wachstum befreit!).

Ich darf ärgerlich sein auf kreative, liebende, fürsorgliche Art (denn in Jesus sehe ich das Vorbild dafür).

Harry war jahrelang Ihr bester Freund. Sie konnten auf ihn zählen. Jetzt haben Sie ihn verletzt. Und er hat sich gegen Sie gewandt. Letzten Monat mit Stefan war es wieder so. In einem Augenblick des Ärgers haben Sie ihn vor den Kopf gestoßen, und seitdem ist Ihre Freundschaft nicht mehr wie vorher. Menschen, die Ihnen jahrelang nahe standen, gehen jetzt auf Distanz.

»Na und? Wenn sie mich hängen lassen – dann brauch ich sie sowieso nicht«, reden Sie sich selbst ein. Aber insgeheim sagen Sie: »Ich brauche sie. Ich will ihre Freundschaft. Und trotzdem schlage ich sie in die Flucht. Es ist, als würde ich vor Ärger jeden Moment platzen. Ich muss mit jemandem darüber reden.«

Aber an wen sollen Sie sich wenden? »Ich müsste überhaupt erst mal den Wunsch nach einem Gespräch äußern können«, überlegen Sie. »Mein Pastor kann mir vielleicht sagen, mit wem ich mein Problem besprechen kann.«

Wenn Sie das Gefühl haben, vor Ärger fast zu platzen, vertrauen Sie sich jemandem an – einem Freund, dem Pastor, Ihrem Arzt.

Und gehen Sie auf Menschen zu, von denen Sie ein respektvolleres Verhalten lernen können, damit Sie die Beziehungen zu Ihren Freunden so gestalten können, wie Sie es gerne möchten.

»Ich kann nichts dafür. Es macht mich wütend.«

»Es bringt mich einfach auf die Palme.«

»Es ist, als wenn etwas in mir explodiert, und ich kann nichts dagegen machen.«

»Es liegt an den anderen. Die wissen, wie empfindlich ich bin, und provozieren mich gerade deshalb.«

»Es« ist das Problem. »Es« verursacht Ärger, unausgesprochene Vorwürfe, Frust, Verletzungen, Schuldgefühle. »Es« ist nicht ich. »Es« ist dieses Etwas, dieser Jemand, diese Situation.

Wenn Sie merken, dass Sie »es« als Erklärung oder als Sündenbock benutzen, lassen Sie es. Hören Sie auf sich selbst. Erkennen Sie, was Sie da tun: Sie vermeiden Verantwortung, Sie umgehen das eigentliche Problem, Sie stehen nicht zu Ihren Gefühlen, Reaktionen und Handlungen.

Die Lösung liegt nicht darin, den Kopf in den Sand zu stecken, sondern zu akzeptieren, wer, was und wo ich in meinen Beziehungen bin.

Ich will zu dem stehen, was in mir vorgeht, und die volle Verantwortung dafür übernehmen.

In dem Moment, wo ich das tue, kann ich in einer neuen Weise antworten. Ich werde ver-*antwort*-lich.

Wenn ich zu meinen Gedanken und Gefühlen, meinen Worten und Empfindungen stehe, erfahre ich eine neue, phantastische Freiheit: (1) Werde ich frei, meine Aktionen selbst zu bestimmen, und (2) werde ich frei, meine *Re*-Aktionen selbst zu bestimmen.

52

Meine Aktionen, meine Handlungen gehören mir. Deine Handlungen gehören dir. Ich bin verantwortlich für mein Verhalten. Du bist verantwortlich für deins.

Und ich übernehme tatsächlich die Verantwortung für mein Handeln.

»Du machst mich wütend«, habe ich früher immer gesagt. Stimmt nicht. Niemand kann einen anderen wütend machen. Wenn ich wütend auf dich werde, bin ich selbst für diese Reaktion verantwortlich. (Ich sage nicht, dass Ärger falsch ist. Er kann die angemessenste und liebevollste Antwort sein, die ich in dem Moment sehe.)

Aber *du* machst mich nicht wütend. *Ich* mache mich wütend auf dich. Es ist nicht die einzige Verhaltensweise, die mir zur Verfügung steht.

Es gibt keine Situation, in der Zorn und Ärger die einzig möglichen Reaktionsweisen wären. Wenn ich zornig werde (und das darf ich, das ist erlaubt), dann deshalb, weil ich mich dafür entschieden habe, mit Zorn zu reagieren. Ich hätte genauso gut Freundlichkeit, Unzufriedenheit, Humor oder viele andere Alternativen wählen können (wenn ich mir dieser Möglichkeiten bewusst gewesen wäre). Es gibt keine Situation, die uns völlig beherrscht. Auf die Bedrohung durch einen anderen kann ich beispielsweise mit blindem Gehorsam reagieren oder mit schweigender Unterordnung, mit wortreicher Weigerung, mit hartnäckigem Widerstand oder mit Ärger, wenn es angebracht erscheint.

Wenn ein Mensch in der Kindheit nur wenige Verhaltensmöglichkeiten erlernt hat, kann es sein, dass ihm später auch nur eine begrenzte Bandbreite von Reaktionsweisen zur Verfügung steht. Es gibt Menschen, die nur zwei Wege kennen, auf einen Angriff zu reagieren, weil sie nur diese beiden in ihrer Familie erfahren haben: Zorn oder Unterwerfung.

Habe ich im Laufe meines Lebens mehr als ein Verhaltensmuster erlernt, kann ich zwischen verschiedenen Reaktionsweisen wählen, je nachdem, welche der Situation angemessen erscheinen.

Ich will bewusst machen, welchen Reichtum an Reaktionsmöglichkeiten es gibt, und ich möchte auch darüber verfügen können. Ärger oder Geduld. Härte oder Sanftheit. Klare Konfrontation oder herzliche, fürsorgliche Hilfe. Ich möchte jede dieser Reaktionsweisen verwenden können.

Ich bin verantwortlich für die Wahl meiner Reaktionsweise dir gegenüber.

Ich bin verantwortlich für die Art und Weise, mit der ich auf dich reagiere.

Ich bin verantwortlich dafür, wie ich dich sehe. Und davon, wie ich dich ansehe – als freundlich oder feindlich, mich annehmend oder abweisend, mir wohlgesonnen oder bedrohlich –, davon hängen meine Gefühle ab. Gefühle sind der Motor für meine Sicht von anderen Menschen.

Ich bin verantwortlich dafür, wie ich dich sehe und daher auch für die Gefühle, die ich dir gegenüber habe.

Du kannst mich nicht wütend machen. Es sei denn, ich entscheide mich dafür, wütend zu sein.

Du kannst mich nicht mutlos machen oder angewidert oder traurig. Alles dies sind meine Entscheidungen.

Du kannst keinen Hass in mir verursachen. Ich muss mich für den Hass bewusst entscheiden.

Du kannst mich nicht eifersüchtig machen. Ich wähle den Neid.

Ich erlebe diese negativen Gefühle bei viel zu vielen Gelegenheiten, aber ich bin selbst verantwortlich für diese Einstellungen und Reaktionen. Ich treffe die Entscheidung.

Ich habe auch die Freiheit, liebevoll zu reagieren. Ich kann mit Vertrauen antworten, mit Fürsorge und Verständnis zu reagieren, wenn ich mich entschieden habe, den anderen als kostbar, wertvoll, der Liebe wert zu betrachten. Einfach deshalb, weil er oder sie von Gott so betrachtet und geliebt ist.

Ich liebe mich.
Ich liebe meine Freiheit zu
    sein, wer ich bin.
Ich liebe mein Verlangen,
    alles zu sein, was ich
    sein kann.
Ich liebe mein Recht,
    anders zu sein als du.
Ich liebe mein Bedürfnis,
    in Beziehung zu dir
    zu treten.

Ich liebe auch dich.
Ich respektiere deine Freiheit
    zu sein, wer du bist.
Ich bewundere dein Verlangen, alles zu sein, was du
    sein kannst.
Ich erkenne dein Recht an,
    anders zu sein als ich.
Ich schätze dein Bedürfnis,
    in Beziehung zu mir
    zu treten.

Meine Gedanken,
meine Worte,
meine Handlungen,
meine Gefühle –
    sie gehören mir.
Für sie bin ich ganz
    verantwortlich.

Deine Gedanken,
deine Worte,
deine Handlungen,
deine Gefühle –
    sie gehören dir.
Für sie bin ich in keiner Weise
    verantwortlich.

Ich bin frei,
    deine Wünsche
    deine Bitten,
    deine Erwartungen,
    deine Forderungen
anzunehmen oder zurück-
    zuweisen.

Du bist frei,
    meine Wünsche
    meine Bitten,
    meine Erwartungen,
    meine Forderungen
anzunehmen oder zurück-
    zuweisen.

Ich kann Ja sagen.
Ich kann Nein sagen.
Ich bin nicht auf der Welt
um so zu leben, wie du
es mir vorschreibst.

Ich bin nicht verantwortlich
für dich.
Ich werde *dir gegenüber*
nicht verantwortlich sein.
Ich möchte *mit dir* verantwortlich sein.

Du kannst Ja sagen.
Du kannst Nein sagen.
Du bist nicht auf der Welt um
so zu leben, wie ich es dir
vorschreibe.

Du bist nicht verantwortlich
für mich.
Du brauchst *mir gegenüber*
nicht verantwortlich zu sein.
Du kannst *mit mir* verantwortlich sein.

Für die Praxis

1. Lesen Sie Psalm 40 und achten Sie einmal darauf, wie ehrlich und frei David seine Gefühle Gott gegenüber äußert. Schreiben Sie diese Gefühle auf: von Depression bis Befreiung, von Übermut und Erhebung bis zu Angst und Ärger, von großer Freude daran, anderen zu helfen, bis zu vorwurfsvollen Vorbehalten, von Vertrauen bis zu Ungeduld.

2. Um Ihre negativen Gefühle in Worte zu fassen und sich zu ihnen zu bekennen als ein Teil von Ihnen, den Gott liebt, vervollständigen Sie die folgenden Formulierungen mit jeweils mindestens fünf Erweiterungen:

»Ich werde wütend, wenn . . .«
»Mein Verhalten ist dann . . .«
»Hinterher fühle ich mich . . .«
»Was ich wirklich will ist . . .«

3. Um die Forderungen, die in Ihrem Ärger verborgen sind, ans Tageslicht zu bringen, beenden Sie den folgenden Satz auf fünf Arten:

»Wenn ich wütend werde, sind meine eigentlichen Forderungen . . .«

4. Um neue Verhaltensweisen in Konfliktsituationen zu erforschen, hilft vielleicht die theoretische Erprobung neuer Reaktionsweisen anderen gegenüber. Vervollständigen Sie doch einmal diesen Satz:

»Wenn ich ärgerlich bin, dann will ich versuchen . . .«

Ich bin anders als du.
   (Anderssein bedeutet nicht Ablehnung.)

Ich bin anderer Meinung als du.
   (Meinungsverschiedenheit bedeutet nicht Angriff.)

Ich werde dir eine Konfrontation zumuten.
   (Gegenüberstellung bedeutet Ergänzung.)

Ich werde Veränderung willkommen heißen.
   (Veränderung bedeutet Wachstum.)

4

Veränderungen willkommen heißen –

Liebevolle Konfrontation

Leben ohne Konfrontation ist richtungslos, ziellos, passiv. Wenn Menschen nicht herausgefordert werden, lassen sie sich treiben, gehen in die Irre oder treten auf der Stelle.

Konfrontation ist ein Geschenk.

Konfrontation ist ein notwendiger Reiz, der einen aus der Mittelmäßigkeit heraustreibt oder von Extremen zurückhält.

Konfrontation ist eine Kunst, die erlernt sein will.

Jemanden vor den Kopf zu stoßen, ist einfach. Beispiele für ätzende, schneidende Kritik gibt es zuhauf. »Ich brauche keine Nachhilfestunden um zu lernen, wie man Leute vor den Kopf stößt. Das kann ich im Schlaf.«

Jemanden mit einem anderen Standpunkt zu konfrontieren, ist schwierig. Vorbilder für ein ruhiges und klares Eintreten für eine Sache dem anderen gegenüber sind eher selten. »Ich möchte lernen, wie ich anderen entschieden gegenübertrete, ohne sie zu frustrieren und zu befremden.«

Die Fähigkeit, dem anderen möglichst viele Informationen über seine Rolle in der Beziehung zu bieten und diese dabei möglichst wenig zu gefährden, ist eine Fertigkeit, die man Schritt für Schritt, mit jeder Reaktion ein Stück weit lernen muss.

Dem anderen eine ehrliche Rückmeldung zu geben, wie er oder sie wirkt, kann erstaunlich einfach sein, wenn diese Rückmeldung in einem Umfeld liebevoller, unterstützender Annahme erfolgt. Es kann verblüffend schwierig sein, wenn der andere es als gefühllose, niedermachende Ablehnung versteht.

Mit der Position eines anderen konfrontiert zu werden, ist nicht schlimm, wenn man sicher sein kann, dass der andere einen trotz aller Meinungsverschiedenheiten achtet, wertschätzt und liebt. Wenn aber die Achtung nicht deutlich zu erkennen ist und die Liebe nicht ausgedrückt wird, wird die Rückmeldung von Anfang an nicht positiv aufgenommen.

Liebe ist die Voraussetzung, damit ehrliche Konfrontation folgen kann. Ein liebevolles Umfeld kann entstehen, wenn ich wirklich *für* den anderen bin, wenn er mir wichtig ist, wenn unsere Beziehung echt ist. Diese liebevolle Zuneigung bedeutet jedoch nicht, dass ich alles kritiklos gutheiße. Der Kern wahrer Liebe ist eine klare Einladung an den anderen zu wachsen, das zu werden, was in ihm oder ihr steckt, und sich weiterzuentwickeln zu einer reiferen Persönlichkeit. Einander anzunehmen, zu schätzen und zu achten ist wichtig in einer Beziehung, aber es geschieht nicht unbedingt immer auf liebevolle Weise. Der entscheidende Punkt ist: Fördert mein Verhalten das Wachstum des anderen? Bringt es den Reifungsprozess voran? Gibt es dem anderen ein Stück mehr Freiheit, er selbst zu sein?

Ein liebevolles Umfeld muss der Konfrontation vorausgehen.

Ein Gefühl der Unterstützung muss vermittelt werden, bevor Kritik geübt wird.

Ein Sich-in-den-anderen-Hineinfühlen ist notwendig, bevor eine Wertung erfolgt.

Ein Fundament des Vertrauens muss gelegt sein, bevor man es wagen kann, Ratschläge zu geben.

Ein stabiler Grund aus Bestärkung und Bestätigung muss unter jeder kritischen Behauptung liegen.

Eine Bereitschaft zum Verstehen öffnet den Weg, dass unterschiedliche Meinungen vertreten werden können.

Ein Bewusstsein gegenseitiger Liebe befreit uns zur Ebenbürtigkeit.

Solidarität aufzubauen in Beziehungen zu anderen Menschen – durch Zuneigung, Unterstützung, Einfühlungsvermögen, Vertrauen, Bestätigung, Verständnis und Liebe – legt den Grundstein für konkrete Reaktionsweisen wie Konfrontation, Kritik, Bewertung, Beratung, Feststellung, Widerspruch und einer ehrlichen Gegenüberstellung.

Mit Macht die Führung zu übernehmen, tut der Liebe Gewalt an. In Liebe Verantwortung zu übernehmen lässt die Macht menschlich werden. Macht ohne Liebe ist rücksichtslos. Liebe ohne Macht ist hilflos. Macht, die in Liebe gegründet und von Liebe geprägt ist, stärkt sowohl den Geber als auch den Empfänger. Liebevolle Macht ist das Zentrum einer echten Beziehung.

»Hört der Typ denn gar nicht mehr auf zu reden?«, fragen Sie sich, während die Gemeinderatssitzung weit über die veranschlagte Zeit hinaus andauert und noch immer kein Ende in Sicht ist. Der Gesprächsleiter ignoriert gerade zum dritten Mal Ihren Vorschlag, die restlichen Punkte der Tagesordnung in effektiveren Einzelgesprächen zu klären, und redet weiter und weiter über eins seiner Lieblingsthemen. Wenn es das erste Mal wäre, würden Sie ja ein Auge zudrücken, wie sie es schon viele Male getan haben.

Sie sehen auf die Uhr. »Diesmal sitze ich die Sache noch

aus«, überlegen Sie, »und sobald ich kann, werde ich mich aus dem Gemeinderat verabschieden.«

Oder Sie könnten vorgeben, sich nicht wohl zu fühlen – und diese Sitzung macht Sie ja wirklich krank –, um Verständnis bitten und gehen.

Plötzlich haben Sie Lust, frei von der Leber weg zu sagen, was Sache ist. »Nun hast du uns lang und breit über etwas informiert, was keinen hier interessiert. Ich schlage vor, wir vertagen uns«, sind Sie versucht zu sagen, aber Sie mögen den Mann doch zu sehr, um ihn derartig bloßzustellen.

»Mir war wohl gar nicht bewusst, wie wichtig dir dieses Thema ist«, sagen Sie schließlich freundlich. »Uns läuft leider die Zeit davon. Ich glaube, wir könnten innerhalb von zehn Minuten die Punkte auf der Tagesordnung noch durchgehen, wenn wir uns konzentrieren. Wollen wir's versuchen?«

Konfrontation im Sinne von Gegenüberstellung lädt den anderen ein, etwas zu ändern, fordert es aber nicht. Wenn ich ein Problem beim Namen nenne und den anderen damit konfrontiere, mache ich den Fortbestand der Freundschaft nicht davon abhängig, ob der andere sein Leben ändert oder nicht. Die Annahme des anderen wird nicht an Zustimmung oder Widerspruch geknüpft. Angenommensein schließt Meinungsverschiedenheiten nicht aus, sondern befreit uns dazu, unsere unterschiedlichen Meinungen offener, ehrlicher und effektiver äußern zu dürfen.

Pauschale Zustimmung zu allem, was der andere sagt oder tut, zeigt nur, dass er mir entweder völlig gleichgültig ist oder dass ich mich bewusst von ihm distanziere. Eine solche billige Zustimmung kann ich jedem und jederzeit geben. Wenn mir jemand wichtig ist, muss ich mich auch für das Leben des anderen interessieren und ihm echtes Engagement anbieten.

Wenn du liebst, gehst du auf den anderen ein. Wenn du ihn wertschätzt, sagst du ihm die Wahrheit.

Konfrontation ist keine Frage von Takt, Diplomatie oder Redegewandtheit. Was ich brauche, sind eine einfache Sprache, eine mitfühlende Haltung und ehrliche Reaktionen. Das sind – zusammengefasst – die Richtlinien für eine wirklich sinnvolle Rückmeldung.

Die folgenden Vorgehensweisen sollen eine Hilfe sein, um klare Konfrontation anzubieten. Mit ihnen kann man Einfachheit, Ehrlichkeit und Einfühlungsvermögen praktisch ausüben. Wenn man die Freiheit hat, den anderen ebenso zu achten wie sich selbst, und die Sichtweise und den Standpunkt des anderen zu verstehen sucht, ist eine Konfrontation möglich, die hilfreich ist und keinen Druck ausübt.

Wenn Sie eine Konfrontation herbeiführen, dann beziehen Sie Ihre Rückmeldung *nicht auf den Handelnden, sondern auf die Handlung.* Sagen Sie nicht etwas über die Person als solche, sondern über das konkrete Verhalten, das zur Debatte steht. Den zu kritisieren, der sich nicht angemessen verhalten hat, löst nur ein Gefühl der Ablehnung aus. Das Verhalten zu kritisieren, bejaht die Freiheit des anderen, sich ändern zu können, ermutigt ihn, sich von dem entsprechenden Verhalten zu distanzieren, und lädt ihn ein, in Zukunft auch andere Verhaltensweisen in Betracht zu ziehen: »Wenn jemand Leute kritisiert, die nicht anwesend sind und selbst dazu Stellung nehmen können, so wie du es gerade getan hast, dann macht mich das wütend. Ich würde dir empfehlen, dem Betreffenden selbst zu sagen, was du zu sagen hast.«

Wenn Sie eine Konfrontation herbeiführen, dann beziehen Sie Ihre Rückmeldung *nicht auf Ihre Schlussfolgerungen, sondern auf Ihre Beobachtungen.* Sagen Sie nicht, was Sie denken, sich vorstellen oder folgern, sondern das, was sie tatsächlich gesehen und gehört haben. Aussagen auf Grund von Beobachtungen, d. h. Fakten, können nur gemacht werden, *wenn* man etwas beobachtet hat, müssen sich auf das beschränken, *was* man beobachtet hat, und können nur von dem geäußert werden, *der* es beobachtet hat. Aussagen auf Grund von Mutmaßungen, Schlussfolgerungen oder Gerüchten gehen über die Beobachtung hinaus und sind damit nutzlos. Solche Aussagen drängen den anderen sofort in eine Verteidigungshaltung und sorgen selbst dann mehr für Verwirrung als für Klärung, wenn der Inhalt der Aussagen tatsächlich zutrifft. Sagen Sie stattdessen: »Du schaust mich ja gar nicht an und antwortest nicht, wenn ich spreche. Bitte gib mir beides: deine Aufmerksamkeit und eine Antwort.«

Wenn Sie eine Konfrontation herbeiführen, dann beziehen Sie Ihre Rückmeldung *nicht auf Urteile, sondern auf Beschreibungen.* Versehen Sie das Verhalten des anderen nicht mit einem Etikett wie »nett« oder »unhöflich«, »richtig« oder »falsch«, »gut« oder »schlecht«, sondern beschreiben Sie es klar und genau mit möglichst neutralen Worten. Eine Wertung unterbricht sofort den Kontakt zum anderen. Beschreibungen hingegen vermeiden diesen unerwünschten Effekt. Ein Beispiel: »Ich merke, dass du auf meine Bitte um erläuternde Informationen mit Schweigen reagierst. Bitte sag mir, was das bedeutet.«

Wenn Sie eine Konfrontation herbeiführen, dann beziehen Sie Ihre Rückmeldung *nicht auf die Qualität, sondern auf die Quantität.* Reden Sie nicht über den Charakter oder einzelne Wesensmerkmale oder Qualitäten des anderen, sondern gehen Sie auf die Intensität der Gefühle ein, die Menge der Ausdrucksweisen, die Anzahl der Handlungen. Verwenden Sie

Formulierungen, die das Mehr oder Weniger (also die Quantität) bezeichnen, und nicht Entweder-oder-Kategorien (die die Qualität benennen). »Du hast auffallend häufiger geredet als die anderen«, ist besser als: »Du Großmaul!« Oder: »Sie haben mehr Zeit von mir beansprucht und bekommen als jeder andere meiner Studenten«, ist besser als: »Sie sind eine lästige Klette, die mir jede freie Minute stiehlt.«

Wenn Sie eine Konfrontation herbeiführen, dann beziehen Sie Ihre Rückmeldung *nicht auf Ratschläge und Antworten, sondern auf Ideen, Informationen und Alternativen.* Erteilen Sie keine Handlungsanweisungen auf Grund der von Ihnen gesammelten Daten, sondern reden Sie über die Daten selbst, über die Fakten und Handlungsmöglichkeiten. Dem anderen mehrere Alternativen zur Verfügung zu stellen, bedeutet eine Bereicherung für ihn. Je mehr Möglichkeiten es gibt, desto unwahrscheinlicher ist es, dass man eine voreilige Entscheidung trifft. »Ich möchte mehrere andere Verhaltensmöglichkeiten darstellen, über die du vielleicht selbst schon nachgedacht hast, aber wenn du erlaubst, würde ich sie gerne noch einmal durchgehen.«

Wenn Sie eine Konfrontation herbeiführen, dann beziehen Sie Ihre Rückmeldung *nicht auf alles, was Sie beisteuern können, sondern auf das, was für den anderen sinnvoll ist.* Reden Sie nicht, um Ihren eigenen angestauten Gefühlen Luft zu machen, sondern um dem anderen etwas Hilfreiches, für ihn Verwertbares zu geben. Bieten Sie es an, aber drängen Sie es ihm nicht auf. Tragen Sie nur das vor, was der andere auch wirklich verarbeiten kann, und nicht alles, was Sie gerne sagen würden. Wenn Sie die Empfangskanäle des anderen überfrachten und zuschütten, blockieren und frustrieren Sie ihn nur und schaden der Sache unter Umständen mehr, als dass Sie ihr nutzen.

Wenn Sie eine Konfrontation herbeiführen, dann geben Sie Ihre Rückmeldung *nicht wann und wo es Ihnen gerade passt, sondern dann, wenn es für den Empfänger der günstigste Augenblick und die beste Situation ist.* Wir bestimmen den Zeitpunkt für unsere Konflikte entweder durch bewusste Entscheidungen oder aber aus dem Bauch heraus. Wählen wir Ort und Zeit einer Konfrontation hingegen zielorientiert und zweckmäßig, gibt uns das die Chance, die Interessen des anderen in den Vordergrund zu rücken und somit positive Voraussetzungen zu schaffen. »Ich würde gerne nach dem Essen ein paar Minuten mit dir reden. Hättest du Lust auf einen Spaziergang?«

Wenn Sie eine Konfrontation herbeiführen, dann verwenden Sie für Ihre Rückmeldung *nicht Warum-Fragen, sondern Was- und Wie-Fragen.* »Warum« kritisiert Werte, Motive und Absichten, und es fällt Urteile. »Was« und »Wie« beziehen sich auf offensichtliche Handlungen, Verhaltensweisen und Tonlagen. »Warum« versucht Ursache und Wirkung zu entziffern. »Warum« beginnt meist historisch und endet fast immer hysterisch. Also besser: »Das ist die Situation. Lass sie uns in Ruhe anschauen. Wir reden jetzt miteinander, also lassen wir auch jetzt eine echte Begegnung stattfinden.«

Mit diesen Richtlinien eine konstruktive Rückmeldung zu geben, ist gar nicht so schwierig zu erlernen, wie es auf den ersten Blick scheint.

Konzentrieren Sie sich auf Handlungen, Beobachtungen, Beschreibungen, auf Quantität, Information, Alternativen, das richtige Maß und die günstigste Situation, und behandeln Sie das Was und Wie im Hier und Jetzt.

Richten Sie das Augenmerk nicht auf den Handelnden, Ihre eigenen Schlussfolgerungen, auf Urteile, Qualitätsaussagen, Ratschläge, die Summe dessen, was Ihnen auf dem Herzen liegt oder auf Ihre besten Zeiten und Orte – und schon gar nicht auf das Warum!

Einfache, ehrliche, mitfühlende Sprache erreicht bei alledem die meisten positiven Ziele und umgeht so manche Falle.

Ein ganz normaler Abend geht zu Ende. Sie strecken in Ihrem Lieblingssessel alle Viere von sich, da zieht Ihre Frau einen Stuhl heran, setzt sich neben Sie und zückt einen Notizblock nebst Kuli.

»Darf ich dir mal die gesammelten Aussprüche eines gewissen Familienvorsitzenden – ich nenne natürlich keine Namen – vorlesen? Und zwar von dem Moment an, als du nach Hause gekommen bist, bis jetzt?« (Konzentration auf das Verhalten.)

»Okay, wenn sie so bemerkenswert waren«, sagen Sie.

»Also. 17.35 Uhr: ›Hi, ich bin da.‹ 18:20 Uhr: ›Schon wieder Hamburger? Wir können uns wohl nichts Besseres leisten, was?‹ 19:14 Uhr: ›Wieso ist die Zeitung nass?‹ 20:30 Uhr: ›Schalt doch mal um. Das ist eine blödsinnige Show.‹« (Klarer Bericht über Beobachtungen.)

»Also, Liebling«, sagen Sie, »du wolltest jemanden zum Reden? Dann hättest du vielleicht einen Pastor heiraten sollen.«

»Alles, was ich möchte, ist ein bisschen Gesellschaft«, sagt Ihre Frau. »Du kommst rein, sagst ›Hallo‹ und ziehst dann ein Schweigegelübde durch.« (Klare Beschreibung.)

»Nein, du hast was ausgelassen«, protestieren Sie jetzt. »Ich komme heim, sage ›Guten Abend‹ und kriege von dir diesen Ich-bin-total-sauer-weil-du-schon-wieder-so-spät-kommst-Blick. Da halt ich doch lieber den Mund, um dich nicht noch mehr zu reizen.«

»Wenn du dich so abkapselst, will ich erst recht eine Reaktion von dir und fange an zu sticheln.«

Vor dieser Ehrlichkeit geben Sie sich geschlagen. Im Grunde sagen Sie beide ja dasselbe. Aber jeder behauptet, dass der andere angefangen hat. Ein Teufelskreis – ich nörgle, du ziehst dich zurück, ich nörgle, du ziehst dich zurück.

»Eigentlich«, sagen Sie, »ist es doch egal, wer damit angefangen hat – mit dem Sticheln oder dem Schweigen. Wir drehen uns im Kreis. Wie kommen wir da wieder heraus?«

»Ich nehme an, ich könnte auch etwas Herzliches sagen, anstatt dauernd zu bohren.«

»Okay, und ich sage, was ich wirklich will, anstatt mich zurückzuziehen.«

Eine klare Beschreibung dessen, was zwischen zwei Menschen abläuft, kann missverständliche Angewohnheiten klären und eingefahrene Spielregeln aufbrechen.

Eine klare Beobachtung dessen, was wir dem anderen zufügen und wie wir es tun, kann uns dazu befreien, altbekannte Situationen mit anderen Augen zu sehen.

Eine klare Äußerung dessen, was wir beide denken und fühlen, kann die Atmosphäre reinigen und uns dazu befreien, eine gemeinsame Basis für eine harmonische Beziehung festzulegen.

Eine klare Verhandlung darüber, was jeder von der Beziehung erwartet, kann frühere Ungerechtigkeiten korrigieren und solche Reaktionsweisen auswählen, die für beide Seiten befriedigend sind.

Das entscheidende Ziel ist es, liebevoll zu sein, dem anderen wirkliches, tiefes Interesse entgegenzubringen und unser gegenseitiges Engagement zu vertiefen.

Liebevolle Konfrontation zeichnet sich durch dieses ständige Interesse an unserer Beziehung aus – Interesse daran, dass der andere seine Selbstachtung nicht verliert, aber auch Interesse an meinem eigenen Bedürfnis nach Achtung. Wenn mir die emotionale Sicherheit des anderen ebenso wichtig ist wie meine eigene, dann ist dies ohne Zweifel liebevoll.

Nachdem ich gute und schlechte Erfahrungen mit Auseinandersetzungen gemacht habe – solchen, die ich selbst begonnen habe, und anderen, in denen ich von einem anderen mit einem Problem konfrontiert wurde –, kann ich meine daraus gewonnenen Erkenntnisse so zusammenfassen:

Wirksame Konfrontation ist liebevoll. Ermöglichen Sie dem anderen die Erfahrung echter Zuneigung, bevor Sie Kritik üben. Echtes Interesse sollte auch das wichtigste Motiv für die Konfrontation sein.

Wirksame Konfrontation ist zurückhaltend. Versuchen Sie nicht mehr zu erreichen, als die Beziehung tragen kann. Verlangen Sie von einer Freundschaft nicht mehr, als Sie hineingesteckt haben.

Wirksame Konfrontation ist konstruktiv. Ziehen Sie in Betracht, dass Ihre Worte möglicherweise als Schuldzuweisung, Ablehnung oder Strafe interpretiert werden. Dies sind die negativen Nebenwirkungen der meisten Auseinandersetzungen, wenn die Absichten nicht vollkommen unmissverständlich ausgedrückt und glaubhaft gemacht werden.

Wirksame Konfrontation ist verständnisvoll. Gehen Sie davon aus, dass die Absichten des anderen gute Absichten sind. Wahrscheinlich hat er – wie jeder normale Mensch – auch weniger hehre Motive, aber es bringt überhaupt nichts, seine Motive anzuzweifeln oder seine Hoffnungen, Wünsche und Ziele zu bewerten.

Wirksame Konfrontation ist eindeutig. Berichten Sie, was Tatsache ist (Beobachtungen), was Gefühle sind (Emotionen) und was Hypothese ist (Schlussfolgerung). Schärfen Sie Ihren Blick für die Unterschiede und verwechseln Sie nicht Fakten mit der Interpretation dieser Fakten. Formulieren Sie eine Interpretation nie so, als wäre sie eine Tatsache.

Wirksame Konfrontation erfordert ein wenig Geschick, aber sie ist notwendig. Die Frage ist nicht, »ob« ich es mir leisten kann, mit dir zu streiten, sondern »wann« ich es mir leisten kann.

Jemanden zu lieben heißt, für ihn da sein. Wenn Sie jemanden lieben, werden Sie mit ihm streiten.

Für die Praxis

Ihre Aufgabe ist es, fünf verschiedene Reaktionen auf die folgende Episode theoretisch durchzuspielen.

Der Fall: Seit Jahren versuchen Sie vergeblich, sich gegen zusätzliche Verpflichtungen zu wehren, die von einer wohltätigen Organisation an Sie herangetragen werden. Sie haben schon viel mehr Zeit geopfert, als Sie eigentlich haben, aber Sie lassen sich immer wieder überreden, noch eine Aufgabe zu übernehmen, weil Ihnen die gute Sache am Herzen liegt. Jetzt bittet die Vorsitzende Sie, die jährliche Spendenaktion zu organisieren, obwohl dies das Letzte ist, was Sie gerne tun würden. Wenn Sie Nein sagen, das wissen Sie schon jetzt, wird eine Flut von Moralischem über Sie hereinbrechen.

Eigentlich würden Sie am liebsten sagen: »Wie kannst du das von mir verlangen, nachdem ich im letzten Jahr so viel Zeit investiert habe? Hör auf mich unter Druck zu setzen! Kannst du nicht auch mal etwas Rücksicht nehmen? Ich bin jetzt schon fix und fertig von den ganzen Terminen, Verpflichtungen und Arbeiten. Mir reicht's! Streich mich von deiner Liste und such dir jemanden, der nichts Besseres zu tun hat.«

Doch dann denken Sie einen Moment nach und probieren andere Möglichkeiten aus:

1. Liebevolle Konfrontation. Zum Beispiel: »Ich habe mich immer sehr um deine Organisation gekümmert, wie mein Terminkalender des letzten Jahres beweist. In diesem Jahr brauche ich einfach mehr Zeit und werde demzufolge nicht zur Verfügung stehen.«

2. Zurückhaltende Konfrontation. Zum Beispiel: »Es ehrt mich, dass du mir zutraust, die Sammelaktion zu organisieren. Trotzdem muss ich in diesem Jahr die erforderliche Zeit für mich selbst und meine Familie reservieren.«

3. Konstruktive Konfrontation. Zum Beispiel: »Es tut mir Leid, ich kann dir dieses Jahr nicht helfen. Ich hoffe, es gibt noch andere Leute auf deiner Liste, die dir gerne helfen.«

4. Verständnisvolle Konfrontation. Zum Beispiel: »Ich verstehe, wie dringend du Freiwillige brauchst. Trotzdem möchte ich mal eine Runde aussetzen. Ich hoffe, du findest andere Mitarbeiter.«

5. Eindeutige Konfrontation. Zum Beispiel: »Ich habe dir bereits auf unterschiedliche Weise klarzumachen versucht, dass ich nicht zur Verfügung stehe. Und dabei bleibe ich auch, wenn du mich weiter bedrängst. Ich sehe natürlich, wie dringend du Freiwillige brauchst, aber ich bin es diesmal nicht.«

Damit Menschen dir vertrauen,
musst du selbst Vertrauen schenken.

Wenn du wartest,
bis jemand sich dein Vertrauen verdient hat,
wirst du ewig warten.

Vertraue jetzt.

Jemand wartet schon darauf,
dein Vertrauen zu erwidern.

5

Vertrauen schenken –
Ein Abenteuer auf Gegenseitigkeit

»Trau keinem über 30«, sagten früher die, die meinten Ehrlichkeit würde mit 29 aufhören. Dann entdeckten die 20-Jährigen, wie schwer es ist, mit 25-Jährigen auszukommen. »Mann, mit denen kannst du keinen Spaß mehr haben«, klagten sie, »wir verstehen uns einfach nicht mehr.«

Die 18-Jährigen fühlten, wie weit sich die Über-20-Jährigen von ihrem Lebensgefühl entfernt hatten. Gleichzeitig spürten die 18-Jährigen aber schon die Verachtung der 15-Jährigen: »Nur weil sie Führerschein haben, markieren sie den dicken Maxen?! Die tun doch nur so schlau, die wissen gar nichts!«

Doch auch die 12-Jährigen haben ihre Probleme: »Teenager sind schrecklich. Hast du schon mal versucht, mit einem Teenager zu reden? Die sagen zu jedem, der ihnen nicht zuhört: ›Verpiss dich!‹« Da halten sich denn auch die 10-Jährigen nicht zurück: »12-Jährige? Kannste vergessen! Kaum raus aus den Windeln, wollen sie allen anderen Kindern sagen, wo's lang geht. Denen kann man einfach nicht vertrauen.« Und schließlich die 5-Jährigen: »Die Erstklässler machen nichts als Probleme. Nur weil sie zur Schule gehen und lesen können, gucken sie einen mit dem Hintern nicht mehr an.« Und die Krabbelkinder finden es eine Zumutung, Kindergarten-Kids zu vertrauen. Und die 2-Jährigen finden alle 3- und 4-Jährigen nicht vertrauenswürdig, und nur die 1-Jährigen arbeiten noch dran, Urvertrauen aufzubauen. Wem, bitteschön, kann man denn nun überhaupt vertrauen?

Urvertrauen ist das Erste, was jedes Kind lernt. Urvertrauen ist die Basis aller Erfahrung schlechthin. Es bleibt der Schlüssel, das Herzstück, das alles entscheidende Gefühl in unseren zwischenmenschlichen Beziehungen. Vertrauen untermauert, verbindet und integriert alle anderen Affekte und Gefühle miteinander. In Stresssituationen purzeln wir durch alle möglichen »Stockwerke«: Kompetenz, Mut, Sich-Aufraffen, Selbstbehauptung, Hoffnung, bis wir dem »Erdgeschoss« unseres Seins begegnen: Vertrauen.

»Ich vertraue dir.« Wenn ich das von jemandem höre oder spüre, fühle ich mich geliebt, angenommen, respektiert.

»Ich traue dir nicht.« Wenn mir das jemand sagt, der mir wichtig ist, dann fühle ich mich unbeliebt, abgehängt und abgelehnt.

Wenn es für mein seelisches Wohlbefinden und meine Selbstachtung unverzichtbar ist, dass man mir vertraut, dann ist Vertrauen das entscheidende Element im Leben, in unseren Familien und Häusern.

Vertrauen – in einer Atmosphäre der Liebe – nährt unser Leben wie Sauerstoff. Misstrauen schnürt den Brustkorb zu, brennt im Hals wie Rauch, lässt die Augen tränen und vergiftet die ganze Person.

Testen Sie es mal selbst: Schließen Sie Ihre Augen und ziehen Sie sich für einen Augenblick in sich selbst zurück. Sagen Sie: »Niemand vertraut mir. Niemand. Mir kann man nicht trauen. Keiner kann das. Alle halten mich für unzuverlässig.«

Was fühlen Sie jetzt? Ihr Brustkorb wird enger, stimmt's?

74

Sie spüren, wie alles Sie runterzieht. Sie wollen Luft schnappen, aber sogar das fällt schwer. Die Angst ist da. So fühlt es sich an, wenn man uns nicht vertraut.

Ein Atemzug frischen Vertrauens gibt einer Person genug Leben, um damit tagelang durchzukommen. Verweigern Sie aber einem Kind, Ihrem Vater oder Ihrer Mutter oder sonst jemandem das Vertrauen, dann erstickt er in einer Dunstglocke aus Ablehnung und Misstrauen.

Man kann nicht ohne Vertrauen leben. Entziehe jemandem das Vertrauen – und er wird es woanders suchen. Er holt es sich, wo auch immer er es findet. Oder er kommt an den Punkt, wo er sagt: »Ich glaube niemandem mehr. Ich vertraue nur noch mir selbst.«

Das – ja, auch das ist Tod.

Wir sind darauf angewiesen zu vertrauen, um menschlich sein zu können. Vertrauen zu verweigern heißt letztendlich, einem Menschen das Menschsein abzusprechen.

Vertrauen schenken ist die Hauptaufgabe der Eltern. Wer als Vater oder Mutter das versäumt, zieht der sich gerade erst bildenden Persönlichkeit den Boden unter den Füßen weg. Mit Vertrauen geizig oder berechnend umzugehen, um Angepasstheit zu erreichen, funktioniert nie, egal wie häufig dieses miese Mittel angewandt wird. So etwas signalisiert nämlich: »Solange du meinen Forderungen nicht entsprichst, verweigere ich dir die Luft, die du zum Leben brauchst. Wenn du es dir verdient hast – das heißt, wenn ich der Meinung bin, nun hättest du es dir verdient –, dann vertraue ich dir. Vorher nicht.«

Da Vertrauen vor allem in der Familie gebildet wird, erforschen wir dieses Thema im Folgenden an Beispielen aus dem Familienleben. Was sich hier zeigt, kann man aber ohne weiteres auf andere Lebensbereiche übertragen.

»Unsere lieben Kleinen gehen schon wieder auf die Rolle!«, sagt Ihr Mann, während Ihre Töchter Ihren geliebten VW-Käfer rückwärts aus der Einfahrt rangieren. »Weiß der Geier, was sie jetzt wieder vorhaben. Mit sonst wem schlafen, Ecstasy schlucken und Marihuana rauchen wahrscheinlich. Schluss jetzt. Entweder wir halten zusammen und setzen dem Treiben ein Ende, oder du hältst zu denen da . . .«

Du steckst in der Klemme. Du liebst deinen Mann. Du willst den Draht zu ihm nicht verlieren. Aber du liebst auch deine Töchter. Niemand wird dich dazu bringen, so kaltherzig ablehnend, so grimmig verurteilend zu sein, wie dein Ehemann es von dir verlangt.

»Von wegen. Ich werde keine der zwei Parteien einfach abschreiben. Mein Mann *und* meine Töchter brauchen mich. Und ich brauche sie. Nichts wird mich daran hindern, meinen Mädchen zu vertrauen. Weder seine Verdächtigungen, noch sein Ärger. Ich lasse mich auch nicht von meinem Mann trennen. Ihre Probleme dürfen keinen Keil in unsere Ehe treiben.«

Aber was ist, wenn ein Sohn oder eine Tochter Ihr Vertrauen nicht verdient? Was ist, wenn Ihr Vertrauen enttäuscht oder gar ausgenutzt wird?

»Ich kann dir nicht mehr vertrauen«, sagen Eltern oft. Das stimmt aber so nicht. Das Wort »kann« ist fehl am Platze. »Ich will dir nicht mehr vertrauen«, wäre das ehrlichere Statement. »Kann nicht« ist ein unverantwortliches Wort. Es besagt: »Die Umstände hindern mich, andere Leute zwingen mich, *du* lässt mir keine andere Wahl. *Ich* kann nichts dafür, trage keine Verantwortung.«

Ersetzen Sie doch mal die Worte »Ich kann nicht« durch »Ich will nicht« – und schon kommt die Wahrheit zum Vorschein und bringt auch gleich die Verantwortung mit. Wann haben Eltern das Recht zu sagen: »Ich will dir nicht mehr vertrauen?« Nur, wenn sie mit ihrem Elternsein am Ende sind. Wenn sie sich entschließen: »Haltet diese Familie an, ich will aussteigen!«

»Du vertraust mir nicht, stimmt's?«, sagen Kinder manchmal zu ihren Eltern. Ein Satz, der vieles bedeuten kann: Er kann heißen: »Ich weiß nicht mehr weiter. Ich habe meine eigenen Ideale verraten. Ich habe etwas gemacht, wofür ich mich schäme. Sag mir, dass du mir trotzdem vertraust. Ich brauche dein Vertrauen!«

Oder der Satz heißt: »Ich bin sauer. Ihr redet dauernd von Verantwortung. Aber wenn ich mal was selbst entscheiden will, nehmt ihr mir die Entscheidung ab. Ich brauche Bewegungsfläche, Spielraum, Luft zum Atmen, ich will *ich* sein.«

Oder aber: »Mir stinkt's. Ihr benutzt euer Vertrauen, um mich zu manipulieren. Euer Vertrauen kommt mir vor wie Marionettenfäden, an denen ihr zieht. ›Ich will dir ja gern glauben, *wenn du* . . . und nur, *falls du* jetzt aber dies und das tust . . .‹ Aber ihr glaubt nicht ernsthaft daran, dass ich selbst entscheiden kann, was richtig für mich ist!«

Oder auch: »Ich fühle mich betrogen. Weil ich dachte, ihr vertraut mir, habe ich diese für mich wichtige Entscheidung getroffen. So und nicht anders. Jetzt merke ich: Ihr respektiert weder diese Entscheidung noch mich. Im Gegenteil, es ist wie eine Falle: Ich sollte glauben, ich dürfe entscheiden. Dann habe ich entschieden und – schnapp – schlug die Falle zu, und ich sitze drin.«

Der Satz könnte aber auch meinen: »Ich bin schuld. Ich habe euch enttäuscht, das gebe ich zu. Auch ich brauche mein Maß an Schaden, an dem man klug wird. Wenn ihr aber glaubt, ich müsse perfekt sein – perfekt, wie Ihr das meint – dann kann man in unserer Beziehung wohl kaum von Vertrauen sprechen. Wenn Ihr sagen würdet ›Kopiere uns!‹, wäre das ehrlicher. Aber wolltet ihr das von mir: eine Wiederholung eures Lebens?«

»Du vertraust mir nicht«, sagt dein Sohn, weil du ihm nicht den Wagen gibst, damit er mit seinen Freunden ein Wochenende am Strand verbringen kann. Er hat Recht. Du traust ihm tatsächlich nicht über den Weg, vertraust ihm auch nicht das Auto an – aber so deutlich sagen wolltest du es dann auch wieder nicht. »Vertrauen muss man sich erstmal verdienen«, sagst du dir, »wenn die Jungs Vertrauen einfordern, dann sollen sie sich doch erstmal, sagen wir, für einen Monat lang bewähren!«

Dabei weißt du aus Erfahrung: So eine Forderung nach Bewährung ist der Boden, auf dem Misstrauen und Geheimniskrämerei wachsen.

Ich könnte natürlich sagen: »Jungs, schaut her: Ihr wollt, dass wir uns darauf verlassen, dass Ihr schon das Richtige tut und entscheidet. Okay, machen wir. Im Gegenzug müsst ihr uns aber auch vertrauen, wenn wir entscheiden, dass wir euch auch Grenzen setzen, zum Beispiel . . .«

Es ist möglich, das Vertrauen Ihrer Kinder zu stärken und ihnen gleichzeitig waghalsige Aktionen zu verbieten. Wenn Sie den Eindruck vermitteln: »Ich traue dir zu, dass du es beim nächsten Mal besser machst« – dann öffnet das die Tür zum gegenseitigen Verständnis.

Vertrauen ist . . . Liebe, die das Vergangene vergessen kann, Liebe, die danach strebt, anderen zu glauben und sie zu ermutigen und Liebe, die vor allem dem anderen die Freiheit lässt, seine Zukunft selbst abzustecken.

Was meint ein Kind, wenn es sagt: »Du vertraust mir nicht«?

Vielleicht will es einfach sagen: »Du hast mich abgeschrieben. Gib mir noch eine Chance. Bleib bei mir.« Was auch immer die Bedeutung sein mag – was könnten Sie antworten?

Versuchen Sie es doch einmal so: »Ja, ich glaube dir, dass du nach bestem Wissen und Gewissen handelst. Aber aus eigener Erfahrung weiß ich, dass du in deinem Alter noch nicht die Erfahrung hast, immer richtig zu entscheiden. Dir fehlen halt noch ein paar Fakten, die du auch gar nicht wissen kannst, die aber andere schon kennen, zum Beispiel wir als Eltern. Wenn es dir so wichtig ist, dass wir deinen Entscheidungskriterien vertrauen – vertraust du denn auch *unserem* Urteilsvermögen, wenn wir Fragen stellen oder Vorschläge machen?«

Vielleicht denken Sie, so eine Antwort ist doch arg umständlich. Sie brauchen sie auch nicht so zu formulieren, wenn Sie nur eins beachten: Vertrauen ist keine Einbahnstraße. Eltern *und* Kinder müssen die Flamme des Vertrauens am Brennen halten, denn sie hält uns lebendig.

»Du willst also weder Arzt noch Lehrer werden. Gibt es denn gar keinen angesehenen Beruf, der dich anspricht?« Du starrst deinen schweigenden Sohn total verbittert an. »Ach, nee!«, sagt er. »Ich guck mich erstmal ein bisschen um und schaue mir das Leben an. Dann finde ich vielleicht ein nettes Fleckchen Erde und werde dort Bauer. Was du da von meiner Zukunft träumst, interessiert mich nicht. Ich brauche deine Vorstellungen vom Leben nicht. Vierzig Jahre als Sklave in irgendwelchen Firmen zu schuften, bringt doch nur Magengeschwüre. Wer braucht schon so viel Geld, um glücklich zu sein. Wen scheren die Renten, die Lebensversicherung oder der DAX? Ich will *leben*!«

Du hörst dir seine Werte an. Sie sind weltenweit weg von

dem, was du für richtig hältst. Wirst du sie respektieren? Oder versuchst du, ihn in eine Ecke zu zwingen, in der er sich deinen Maßstäben unterwerfen muss?

»Junge«, sagst du, »ich möchte dahin kommen, deine Werte zu achten. Ob ich sie nun teile oder nicht. Du bedeutest mir sehr viel, aber ich wünsche mir sehr, dass du nun auch *meine* Werte wahrnehmen und achten könntest, selbst wenn du mit ihnen nicht einverstanden bist.«

Um Vertrauen zu bekommen, muss man Vertrauen schenken. Damit mir andere vertrauen, muss ich es riskieren, mich den anderen vertrauensvoll zu öffnen. Vertrauen und Offenheit gehören zusammen. Aus einem Klima gegenseitigen Vertrauens entwickelt sich die gegenseitig gewährte Freiheit, positive wie negative Gefühle auszudrücken. So erfährt jeder die Annahme seiner Persönlichkeit. Die Folgen: Der Mensch blüht auf. Sein Potential an Liebe, Vertrauen und Verantwortungsgefühl wird freigesetzt. In dem Maße, wie der Pegel des Vertrauens steigt, wird auch die Bereitschaft zum Risiko größer, offen zu werden. Auch diese zwei gehen Hand in Hand: Vertrauen und Risiko, Akzeptanz und Offenheit.

Jedes wird vom jeweils anderen vorangetrieben, hängt voneinander ab und stärkt sich gegenseitig. Risiken stecken in jeder Liebe, in jeglichem Vertrauen. Wenn ich dahin komme, die innere Welt eines anderen zu verstehen; wenn ich seine Ratlosigkeit, seine Furcht oder sein Gefühl, unfair behandelt worden zu sein, nachempfinden kann – dann verstehe ich ihn auch. »Vertrauen plus Verstehen« – ein viel zu seltenes Paar.

Das ist etwas völlig anderes als das so genannte »Verstehen«, das sagt: »Ich weiß, was bei dir nicht stimmt«, oder: »Ich sehe genau, warum du so handelst.«

Das »Vertrauen-Verstehen« betritt die Welt des anderen nicht von oben herab, sondern zu dessen ureigensten Bedingungen. Und das ist risikoreich. Wenn ich mir deine Welt in meine hole, laufe ich Gefahr, verändert zu werden – in deine Richtung!

»Du hast gekündigt?! Aber das ist Blödsinn!«, schnauzt du deinen Sohn an. »Nach der Schule lief doch bis jetzt alles bestens. Und jetzt schmeißt du das hin?! Du erreichst nie was. Nie!«

»Ach. Die Arbeit machte halt keinen Spaß mehr. Deshalb bin ich gegangen«, sagt er.

»Wenn du so mit den Möglichkeiten umgehst, die man dir schenkt«, sagst du, »wirst du zu nichts mehr taugen.«

»Wenn du das so sagst, muss es wohl stimmen«, sagt dein Sohn cool und dreht sich achselzuckend weg.

Du steckst in einer Sackgasse. Du hast ihn abgeschrieben, er hat sich ausgeblendet. Du sagst ihm Versagen voraus, notierst alle seine Fehler, gräbst frühere Verletzungen aus, um ihn damit (vergeblich) voranzutreiben. Er schlägt zurück und nutzt jede Chance, dir eins auszuwischen. Dieser Teufelskreis muss doch mal durchbrochen werden. Und deine düstersten Vorhersagen werden reihenweise wahr wie Prophezeiungen, die sich selbst erfüllen. »Ich muss den ersten Schritt tun«, sagst du. »Statt ihm im Nacken zu sitzen, sollte ich ihm den Rücken stärken, ihm vertrauen und ihn ermutigen!«

Vertrauen ist immer gegenseitig – keine Einbahnstraße. Es geht um wechselseitige Ehrlichkeit. Von der Natur der Sache her zielt Vertrauen auf Wahrheit. Dem anderen vertrauen, indem ich ihm die Wahrheit über mich sage, das ist der einzig gangbare Weg, wie ich den anderen dazu einlade, nun auch seinerseits die Wahrheit über sich mitzuteilen. Vertrauen folgt der Ehrlichkeit. Ehrlichkeit vergrößert das Vertrauen.

Die Wahrheit, die so entscheidend zu vertrauensvollen Beziehungen gehört, wurzelt darin, dass ich *echt* und offen werde: Die Wahrheit bekennt sich zu dem, was ist. Sie nimmt zur Kenntnis, was uns gegeben ist, und sie steht zu dem, was realistischerweise möglich ist.

Solches Vertrauen ist kein »blindes«, sondern sehendes Vertrauen. Ein Vertrauen, das fürsorglich genug ist, um den anderen auf seine Verantwortung hin anzusprechen und offen mit Bitten und Anforderungen zu konfrontieren. Solches Vertrauen geht positiv unterstellend davon aus, dass auch der andere ebenso aufrichtig, direkt, frei und verantwortlich entscheidet, was er oder sie tun will. Solches Vertrauen akzeptiert Entschuldigungen bewusst und willentlich. Solches Vertrauen vergibt das Vergangene. Es streicht alle Schulden und gibt dem anderen alle Chancen zurück.

Das Vertrauen zwischen engen Freunden basiert doch auf Offenheit und Liebe, auf klaren Botschaften der Zuneigung und Treue, auf Ehrlichkeit, auf klaren Aussagen, was ich will. Und wie ich mich fühle. Es prägt mein Verhalten in all meinen Beziehungen.

Liebe und Ehrlichkeit sind die unzertrennlichen Bestandteile des Vertrauens, denn Vertrauen ist eine Hin- und Rückfahrkarte, eine Beziehungs-Erfahrung. Vertrauen zirkuliert. Wir schenken Vertrauen. Uns wird Vertrauen geschenkt. Es ist immer ein Vertrauen *zwischen* – nie eine isolierte Größe. Es ist der liebende und aufrichtige Austausch zwischen zwei oder auch mehreren Personen, die miteinander leben und sich zueinander verhalten.

Vertrauen ist keine »Gabe«, keine Charaktereigenschaft oder eine christliche Tugend, die man besitzen könnte oder

LEADERSHIP
LIBRARY

Title of Book: SAG MIR DIE WARHEIT,
WENN DU MICH LIEBST (ABCTEAM)

Date	Name

die einen auszeichnet. Vertrauen besteht aus Risikobereit-
schaft und Verlässlichkeit, Ehrlichkeit und Loyalität, Güte
und Originalität. Vertrauen ist der Grundstoff aller Beziehungen.

Für die Praxis

Vertrauen ist eine Haltung, die, durch bestimmte Aktions-
weisen gefördert und verstärkt werden kann, je nachdem wie
wir handeln. Prüfen Sie sich selbst! Welches Verhalten ist
charakteristisch für Ihre Beziehungen?

Misstrauen	*Vertrauen*
◇ Ständig andere beurteilen.	◇ Alle Werturteile über Personen vermeiden.
◇ Die Worte, Taten und Gefühlsäußerungen des anderen kontrollieren.	◇ Die Gedanken, Gefühle und Entscheidungen des anderen respektieren.
◇ Strategien benutzen, um erwünschte Ergebnisse beim anderen durch Manipulation oder Druck zu erreichen.	◇ Einfache, aufrichtige Aussagen benutzen, um klare, offene Bitten zu äußern.
◇ Sich neutral verhalten, wenn Gefühle hitzig werden.	◇ Bereit sein, von sich selbst abzusehen und abzuge- ben, wenn das Risiko zu hoch wird.

Misstrauen	Vertrauen

◇ Sich distanziert und überlegen geben, wenn der andere sich schwach oder verletzt fühlt.

◇ Sich verletzlich geben als ein Gleicher unter Gleichen.

◇ Absolut einzuhaltende Versprechen und eiserne Garantien vom anderen fordern.

◇ Spielraum für spontane Entscheidungen, Reaktionen und Taten erlauben.

◇ Dogmatisch darauf beharren, dass deine Meinungen und Ansichten als richtig und immer richtig zu gelten haben.

◇ Versuchsweise Aussagen und Vorschläge machen, die offen sind für die Gefühle des anderen.

Ich gebe dir
die Schuld . . .

. . . du gibst mir dafür
die Schuld?

Es ist alles
deine Schuld . . .

. . . ich soll angefangen
haben?

Du musst den ersten
Schritt tun . . .

. . . es hängt also mal
wieder an mir?

Lass uns . . . aufhören
mit
dem
Hin und Her.

6

Schuldzuweisungen beenden –
Abschied vom Schwarzen Peter

Ich bin immer verantwortlich für alles, was ich denke, fühle oder tue. Aber ich lasse mir nicht die Schuld in die Schuhe schieben.

Ich gebe jederzeit Rechenschaft über alles, wofür oder wogegen ich mich entscheide. Aber ein schlechtes Gewissen lasse ich mir nicht einreden.

Der Dreh- und Angelpunkt wirksamer Konfrontation ist Verantwortung. Eine Konfrontation muss verantwortlich geführt werden, und sie thematisiert gleichzeitig die Verantwortung des anderen.

Konfrontation, die sich in Schuldzuweisungen äußert, ist von Anfang an zum Scheitern verurteilt. Schuldzuweisungen rufen unvermeidlich Widerstand und Ärger beim anderen hervor, egal, ob sie ihm im gleichen Augenblick oder erst im Nachhinein bewusst werden.

Konfrontation, die darauf zielt, den anderen zu beschämen, ist ebenso unwirksam. Sie provoziert Selbstzweifel und Niedergeschlagenheit, die dazu führen, dass alte Verhaltensweisen eher verstärkt als verhindert werden.

Konfrontation, die an die Verantwortung appelliert, lädt den anderen ein, sein früheres Verhalten objektiver zu betrachten und neue Handlungsweisen in Betracht zu ziehen, die unter Umständen für beide Seiten befriedigender sind. Eine solche Rückmeldung berücksichtigt einfach die zeitlichen Strukturen, denen wir unterworfen sind. Sie schätzt die Vergangenheit als solche, nutzt die Stunde der Gegenwart und blickt gespannt in die Zukunft.

Die Vergangenheit ist vorbei und damit nicht mehr veränderbar. Ich kann aber meine gegenwärtige Haltung ihr gegenüber ändern, und ich kann mein zukünftiges Verhalten aufgrund vergangener Erfahrung ändern. Ich kann auf Vergangenes mit gegenwärtigen und zukünftigen Reaktionen antworten, sie ver-antworten.

Schuldzuweisungen machen die Vergangenheit schlecht, als würde das die Möglichkeiten in der Zukunft verbessern. (In Wirklichkeit haben Negativ-Urteile und Strafaktionen meist einen Bumerang-Effekt, denn das negativ belegte Verhalten bleibt in Erinnerung und kommt in Zeiten der Enttäuschung immer wieder an die Oberfläche.)

Schuldgefühle und Scham setzen die eigene Person aufgrund ihrer vergangenen Handlungen herab, als würde Selbstverneinung ein positives Selbstbild in der Zukunft ermöglichen. Unsinn! Minus und Minus ergeben hier kein Plus, sondern nur ein noch gravierenderes Minus.

Schuldzuweisungen können nicht Veränderung und Wachstum bewirken. Schamgefühl und schlechtes Gewissen können keine innere Orientierung und Kurskorrekturen hervorbringen.

Wer hingegen Verantwortung für die Vergangenheit übernimmt, wird immer mehr befähigt, in Zukunft neue, kreativere Entscheidungen zu treffen.

»Ich mochte dieses Auto nie. Wir hätten es gar nicht erst kaufen sollen«, sagt Ihre Frau. Sie stehen in der Küche mit der verbogenen Chromleiste in der Hand, die Sie gerade von dem eingedrückten Kotflügel entfernt haben.

»Warum hast du mir nichts davon gesagt, dass du den halben Wagen zerbeult hast?«, wollen Sie mit gefährlich leiser Stimme wissen.

»Der kleine Kratzer am Kotflügel wird doch wohl nicht so schlimm sein.«

»Kratzer?! Und wen hast du überhaupt gerammt? Habt ihr die Polizei geholt? Ich hoffe doch, der andere ist versichert?«

»Reg dich ab! Ich habe einen Pfosten erwischt, der irgendwie in der Parkplatzeinfahrt stand. Kein Unfall, keine Polizei, kein Problem.«

»Wenn man von der 650-Mark-Eigenbeteiligung beim Versicherungsschaden absieht.«

»650 Mark was?«

»Vergiss es. Aber wo hast du eigentlich beim Fahren hingeguckt?«

»Geradeaus. Ich sage dir, wir hätten diese Karre nie kaufen sollen. Du hast viel zu viel dafür ausgegeben. Sie haben dich über den Tisch gezogen. Der Wagen lief nie gescheit, aber nein, du musstest ihn ja unbedingt haben. Weil er schicker aussieht als Bills Auto. Du hast dir das Geld aus der Tasche ziehen lassen und ...«

»Jetzt reicht's aber!«, fahren Sie endgültig aus der Haut. »Das hat ja wohl nichts mit diesem Kotflügel zu tun!« Sie knallen die Zierleiste aus Chrom auf die weiße Tischdecke. »Wir reden davon, dass du mit einem Oldtimer einen Betonpfeiler versetzen wolltest!«

»Du solltest lieber froh sein, dass mir nichts passiert ist«, sagt sie. »Wenn mich ein Dreißig-Tonner überrollt hätte, würdest du deine bescheuerte Chromleiste noch auf mein Krankenbett knallen!«

»Also, jetzt hört aber doch alles auf! Bleib gefälligst beim Thema.«

»Das *ist* das Thema«, sagt sie. »Wir haben ein Problem. Und unser Problem ist nicht dieses Stück Metall da!«

»Unsinn! Das Problem ist, dass ich demnächst eine fette Rechnung von der Werkstatt bekomme.«

Nichts beendet solche Schwarzer-Peter-Spielchen wirkungsvoller als die Erkenntnis, dass die Schuld immer 50:50 verteilt wird. Nichts begleicht alte Rechnungen schneller als die Erkenntnis, dass sich zum Schluss doch alles wieder ausgleicht. So ist es in jeder Beziehung. Wenn es darum geht, einen Schuldigen zu suchen, sind immer beide Seiten daran beteiligt.

Es braucht immer zwei, um ein Problem miteinander zu haben. In einer Ehe bin weder ich das ganze Problem, noch bist du es. *Wir* sind unser Problem. Die Schwierigkeiten haben wir mit uns. Beide sind am Schmerz, am Problem, an der Tragik einer Ehe in der Krise beteiligt. Schuld ist immer fiftyfifty. Auch in einer Ehe. Und in den meisten Fällen gleicht sich die Schuldfrage am Ende aus.

Beispiel 1: »*Er* ist das Problem«, sagt die Frau. »Ich habe ihm die zwanzig besten Jahre meines Lebens gegeben. Ich habe für ihn gesorgt, in guten wie in schlechten Tagen. Ich habe ihm drei Kinder geboren und ihm nichts abgeschlagen. Und jetzt das: Er betrügt mich mit so einer hergelaufenen Schlampe. Siehst du, wie ich getäuscht wurde?!«

Gut gebrüllt Löwe! Ein klarer Fall von 90:10 in der Schuldfrage. Neunzig Prozent der Schuld für den Schuft, und zehn für die tugendhafte Gattin. Einverstanden? Wohl kaum. Wenn Sie beide Parteien hören könnten, würden die Waagschalen sich auf anderer Höhe einpendeln. Wenn man betrachtet, wie überheblich und selbstgerecht sie ihm erscheint, nähern wir uns schon eher der 50:50-Verteilung.

Beispiel 2: »Es ist allein ihre Schuld, dass unser Sohn weggelaufen ist«, sagt ein Ehemann. »Sie hat gnadenlos an ihm herumgenörgelt. Sie hat die Wahl seiner Freunde bemängelt, über seine Haare gemeckert, seine Klamotten, seine Sprache. Und seine Freundin hat sie auch nie akzeptiert. Also ist der Junge gegangen. Sie hat ihn verjagt.«

Hier liegt der Fall doch wohl klar bei 99:1. Neunundneunzig Prozent der Schuld lasten auf der Mutter, ein Prozent Verantwortung bleibt für ihn.

Aber wenn Sie ihre Seite der Geschichte sähen, würde es sich ausgleichen. In diesem Falle nämlich hat der Mann sich von seiner Frau völlig zurückgezogen, seit der Junge klein war. Sein kühler Rückzug hat den Jungen gelehrt, wie man die Mutter links liegen lässt. In Wirklichkeit hat der Junge nur das praktiziert, was der Vater schon die ganze Zeit getan hat: sich zurückziehen, den Menschen ablehnen, mit dem man lebt, vor Nähe und Beziehung fliehen.

Beispiel 3: »Diesen Wagen zu kaufen war *deine* dämliche Idee!«, sagt Ihre Frau ärgerlich. »Und jetzt sitzen wir hier mit diesem Haufen Schrott!«

»Das ist nicht wahr. Wir haben genau den gekauft, den *du* wolltest.«

»Ja, aber wir sind reingelegt worden. Und das ist deine Schuld.«

Sie drehen den Zündschlüssel noch einmal. Das tuckernde Anlassergeräusch erklingt, aber der Motor springt nicht an.

»Du bist über den Tisch gezogen worden«, sagt sie.

Wieder und wieder versuchen Sie den Wagen ans Laufen zu bringen, aber nichts geht mehr. Wenn sie sich nur selbst hören könnte, denken Sie. Erst liegt sie mir lang und breit in den Ohren wegen dieses Wagens, und dann wirft sie mir vor, dass ich ihn gekauft habe!

Oder haben Sie extra den Wagen mit dem Hintergedanken gekauft, dass Sie ihr die Schuld geben können, wenn er nichts taugt? Wie auch immer: Sie sind beide hereingefallen auf dieses Keiner-gewinnt-Spiel. Und einer muss den ersten Schritt machen, damit Sie ehrlich miteinander umgehen können.

»Jenny«, sagen Sie, »wir entfernen uns immer weiter voneinander, je öfter wir streiten. Du willst gewinnen, indem du mich herabsetzt. Ich will gewinnen, indem ich dich niedermache. Dabei verlieren wir doch beide. Es ist mir egal, wer gewinnt, ich möchte dir nur nahe sein.«

Ihre Frau sieht Sie mit großen Augen an. »Genau das will ich doch auch!«, sagt sie.

Wessen Schuld ist es, wenn etwas schief läuft? Das ist die erste Frage in vielen menschlich schwierigen Momenten. Für alle, die gerne die Verantwortung auf andere abwälzen, führt diese Frage zu einer Jagd nach dem Sündenbock, dem man einen Großteil der Schuld in die Schuhe schieben kann. Alle, die dazu neigen, allen Ärger herunterzuschlucken und in ihrem Inneren aufzustauen, können dagegen alle Verantwortung heldenhaft auf die eigenen Schultern laden. »Alles meine Schuld!«, sagen sie. »Ich bin eben ein völliger Versager.« Und dann gibt es noch diejenigen – und das sind gar nicht so wenige –, die beides tun. Mal nehmen sie alle Schuld auf sich, dann wieder holen sie zum nächsten Schlag gegen den Sündenbock aus.

Sich selbst die Schuld zu geben, ist aus verschiedenen Gründen nutzlos.

Wir werfen uns meist die falschen Dinge vor. Die entscheidenden Fehler unterlaufen nämlich selten nur uns. Und wir haben kein Recht, über unser eigenes Leben zu Gericht zu sitzen. Zu leicht verfallen wir in völlige Ablehnung der eigenen Person (»Ich bin zu nichts gut. Ich verdiene nicht zu leben!«) oder in leichtfertige Ausflüchte (»Was soll's, ich bin eben auch nur ein Mensch!«). Sich anzumaßen, die eigenen Motive, die Vergangenheit und mein wahres Wesen zu richten, hieße, Gott spielen zu wollen.

Ich verstehe meine Vergangenheit nur begrenzt. Ich weiß, dass meine Erinnerungen selektiv sind. Ich erinnere mich an die Dinge, die zu meinem Selbstbild passen. Ein Philosoph brachte es einmal auf den Punkt: »Stolz und Erinnerung stritten miteinander: ›Es war so und so!‹, sagte die Erinnerung. ›Aber so kann es nicht gewesen sein!‹, antwortete der Stolz, und die Erinnerung gab sich geschlagen.«

So geht es uns allen. Die Erinnerung gibt immer wieder nach. Die meisten Bilder, die wir aus unserer Vergangenheit aufbewahren, sind retuschiert. Die meisten Gesprächsprotokolle von früher, die wir gespeichert haben, sind von unserem Stolz redigiert worden.

Das Gedächtnis ist ein Museum.

Unzählige Räume voller Erinnerungen stehen uns zur Verfügung, wenn wir die umfangreiche Sammlung unseres Gedächtnisses nach beliebigen Stücken durchsuchen. Achten Sie, während Sie durch Ihr Museum schlendern, einmal darauf, nach welchen Kriterien die Ausstellungsstücke ausgesucht sind. Und handelt es sich um Originale oder Fälschungen? Haben Sie sich Bilder der Erinnerung geschaffen, die

Ihren Bedürfnissen entsprechen, oder bilden sie wirklich die Realität ab?

Das Gedächtnis ist ein Geheimnis.

»Aber ich sehe noch genau vor mir, was passiert ist!«, beharren Sie vielleicht. Aber es stimmt nicht. Sie können höchstens an eine keineswegs repräsentative Serie von Bildausschnitten erinnern, die Ihnen versichern soll, dass die Dinge so waren, wie Sie sie gerne gehabt hätten. Vielleicht dienen die Bilder Ihnen auch als Warnung, damit die Dinge nicht noch einmal passieren. Die Wahrheit über Ihre Vergangenheit ist nur zum Teil bekannt. Sogar Ihnen – gerade Ihnen.

Das Gedächtnis ist ein Mythos.

Manche Menschen glauben, das Gedächtnis sei eine Kamera. Sie unterstellen, dass vergangene Ereignisse durch ein »Objektiv« wirklichkeitsgetreu festgehalten werden und unverändert im Gedächtnis aufbewahrt werden. Wir haben aber keine objektive Vergangenheit. Meine Erinnerungen spiegeln mich und meine Bedürfnisse wider, meine Werte, Träume und Interpretationen wiederkehrender Erfahrungen. Das Gedächtnis ist kein Teleskop, das auf scharf umrissene und dauerhafte Bilder schaut. Das Gedächtnis ist ein Kaleidoskop, das die Vergangenheit in immer wieder neu arrangierten Details zeigt, deren Bedeutung den Anforderungen dem jeweiligen Moment entsprechend interpretiert wird.

Das Gedächtnis ist meine Geschichte.

Geheimnisvoll, unvollständig und subjektiv mag das Gedächtnis sein – aber es erzählt meine Geschichte, und zwar eine, die es wert ist, erzählt zu werden. Nun gut, sie wurde von meinem Stolz gründlich überarbeitet. Das Gedächtnis hat die Ereignisse aufgeschrieben, und der Stolz hat die Dateien geändert, bevor das Bewusstsein sie speichern konnte. Ja, es ist eine immer und immer wieder neu erzählte Geschichte, und in der aktuellen Version kann man vielleicht nur noch die einzelnen Teile des Originals erkennen. Aber ihr Aufbau, ihre Struktur hat sich weiterentwickelt, ist zu einem Gesamtwerk gewachsen! Jedenfalls ist es die Geschichte von dem Menschen, der ich heute bin, mit allem, was ich gerade werde und wo ich im Moment stehe.

»Museumsführungen, täglich 9-17 Uhr.«

Entdecken Sie Ihr Museum! Nehmen Sie die Räume in Besitz. Der Schatz gehört Ihnen. Erforschen Sie ihn. Die Ausstellungsstücke sind ein kostbarer Besitz, denn sie sind der Beweis, dass Sie gelebt, etwas riskiert, versagt und aus dem Schmerz gelernt haben, dass Sie gewachsen sind, gefeiert haben und zur Freiheit gelangt sind.

Es gibt allerdings ein paar Regeln in dem Museum:

Schätzen Sie die Objekte Ihrer Kunstsammlung! Missbrauchen Sie nicht das Privileg, Ihre Vergangenheit besichtigen zu können. Zerstören Sie nicht die Bilder. Sehen Sie sie mit der angemessenen Ehrfurcht an. Kritisieren Sie sie nicht, sondern machen Sie sich ihren Wert bewusst.

Achten Sie die gesammelten Erfahrungen! Nutzen Sie sie für sich, anstatt sie gegen sich selbst zu verwenden. Lernen Sie aus ihnen, wie Sie in Zukunft freier entscheiden, erfüllter leben und vertrauensvoller handeln können.

Befreien Sie die Erinnerungen von allen Vorwürfen! Der Versuch, Geschehenes ungeschehen zu machen, ist nutzlos. Das Unabänderliche ändern zu wollen hat keinen Sinn.

Seien Sie demütig genug, auf Ihre Vergangenheit stolz zu sein! Großartig oder unbedeutend – es ist Ihre Geschichte! Haben Sie die Größe, dankbar für Ihr Leben zu sein. Nehmen Sie das Vorrecht an, dazu stehen zu dürfen, wie Sie gelebt haben. Tauchen Sie ein in die Gnade, die Sie zur Freude über alles Erlebte befreit.

Erinnerungen nach einem Schuldabladeplatz zu durchsuchen, ist wie die berühmte Suche nach der Stecknadel im Heuhaufen. Ich möchte stattdessen ganz einfach zu meiner Vergangenheit stehen mit so wenig Rechtfertigungsversuchen wie möglich, und möchte vor Gott und mit meinen Brüdern und Schwestern jetzt in der Gegenwart leben.

Indem ich erkenne, wie unfähig ich bin, mich selbst zu beurteilen, mache ich mir bewusst, wie wenig geeignet ich bin, eine Schwester oder einen Bruder zu richten. Da meine Sicht so beschränkt ist, als hätte ich einen Holzbalken im Auge, sollte ich es tunlichst unterlassen, die Splitter in den Augen anderer zu entfernen, wie Jesus es so unvergesslich ausgedrückt hat in Matthäus 7,1-5:

»Verurteilt nicht andere, damit Gott nicht euch verurteilt! Denn euer Urteil wird auf euch zurückfallen, und ihr werdet mit demselben Maß gemessen werden, das ihr bei anderen anlegt. Warum kümmerst du dich um den Splitter im Auge deines Bruders oder deiner Schwester und bemerkst nicht den Balken in deinem eigenen? Wie kannst du zu deinem Bruder oder deiner Schwester sagen: ›Komm her, ich will dir den Splitter aus dem Auge ziehen‹, wenn du selbst einen ganzen Balken im Auge hast? Scheinheilig bist du! Zieh doch erst den Balken aus deinem eigenen Auge, dann kannst du dich um den Splitter in einem anderen Auge kümmern!«

Und der Apostel Paulus sagt in Korinther 13,5-7:

»Die Liebe nimmt sich keine Freiheiten heraus, sie sucht nicht den eigenen Vorteil. Sie lässt sich nicht zum Zorn reizen und trägt das Böse nicht nach. Sie ist nicht schadenfroh, wenn anderen Unrecht geschieht, sondern freut sich mit, wenn jemand das Rechte tut. Die Liebe gibt nie jemanden auf, in jeder Lage vertraut und hofft sie für andere; alles erträgt sie mit großer Geduld.«

Liebe beendet die Wer-ist-schuld-Spiele und beschäftigt sich mit den wirklich wichtigen Fragen: Was ist jetzt die liebevolle, verantwortungsbewusste, wahrhaft respektvolle Handlungsweise? Wie geht es jetzt weiter? Wo fangen wir an? Wenn nicht hier, wo dann? Wenn nicht jetzt, wann sonst? Wenn nicht du und ich, wer dann?

Zu lieben bedeutet, Verantwortung zu übernehmen, einen endgültigen Strich unter die alten Rechnungen zu machen und von vorne anzufangen. Jetzt.

Für die Praxis

1. Thematisieren Sie eine problematische Meinungsverschiedenheit zwischen Ihnen und einer zweiten Partei – Familienmitglied, Ehemann, Frau oder Kollege –, nachdem Sie folgende Grundregeln festgelegt haben:

(1) Alle Beiträge müssen in der Gegenwartsform ausgedrückt werden.

(2) Alle Kommentare müssen sich um das Hier und Jetzt drehen.

(3) Alle Aussagen müssen mit »Ich fühle ...« beginnen (dabei geht es um echte Gefühle, und nicht um Eindrücke im Sinne von »Ich habe das Gefühl, dass ...«, denn das sind nichts als verkleidete Urteile, Gedanken oder Kritik).

(4) Alle Schuld zuweisenden Aussagen werden sofort disqualifiziert, sobald einer von beiden den erhobenen Zeigefinger erkennt.

Anschließend wählen Sie ein noch sensibleres Thema und sehen, ob Sie es schaffen, bei klaren, einfachen Gefühlsäußerungen zu bleiben.

2. Vervollständigen Sie die folgenden Sätze für den jeweils anderen mit mindestens drei verschiedenen Endungen:

»Ich schätze . . .«

»Ich will . . .«

»Ich brauche . . .«

»Ich fordere . . .«

»Mich ärgert . . .«

Hören Sie einander zu. Streichen Sie alte, versteckte Forderungen an den anderen. Lassen Sie die Schuldzuweisungsstrategien fallen, und arbeiten Sie stattdessen an dem, was jeder für sich selbst, für den anderen und für beide zusammen wirklich will.

Ruhe im Gerichtssaal!
Erheben Sie sich.

Den Vorsitz hat
der ehrenwerte Jedermann.

Sie dürfen sich setzen.
Zur Verhandlung kommt der Fall:
Die Menschlichkeit gegen Sie.

Angeklagter, wie bekennen Sie sich –
schuldig oder nicht schuldig?

7

Die Dinge selbst in die Hand nehmen –

Klage abgewiesen!

»Was sollen bloß die Leute sagen?«, so fragen Sie Ihre Tochter. »So was macht man doch einfach nicht! Leute wie wir machen so was nicht! Davon möchte ich nichts mehr hören!«

In Ihrer frustrierten Tochter staut sich langsam die Wut. Das können Sie an ihren Augen erkennen. Kein Wunder, denn Ihre Tochter steht vor der uralten Betonmauer namens »Was werden die Leute sagen?«.

Sie selbst haben Ihren Kopf Ihr ganzes Leben lang gegen diese Mauer gedonnert. In jeder Entscheidung ist Ihr erster Gedanke: »Wie sieht das denn aus? Wird mein, wird unser guter Ruf beeinträchtigt?« Was Sie selber glauben und wie Sie sich fühlen, spielt überhaupt keine Rolle, wenn Sie sich in Ihren Entscheidungen schließlich doch nach den Urteilen anderer richten.

»Ist es wirklich das, was ich für meine Tochter möchte?«, so fragen Sie sich selber. »Blinder Gehorsam gegenüber den Erwartungen anderer, was hat mir das selber gebracht?«

Versuchen Sie es doch mal so: »Lena, mir macht es nichts aus, was andere Leute sagen werden. Lass mich noch mal hören, was *du* möchtest. Ich glaube, ich habe gar nicht richtig zugehört.« Die Wahrheit in Liebe zu sagen und ihr zu begegnen braucht eine Atmosphäre des Wohlwollens. Wenn jemand ständig auf der Anklagebank sitzt, sich beurteilt fühlt oder den Richterstuhl einnimmt, werden alle Gespräche durch dieses unsichtbare Gerichtsspiel gestört.

Eine echte Begegnung findet statt, wenn ich mit jemandem auf Augenhöhe rede. Wenn kein Urteil mitschwingt, wenn beide den anderen achten.

Korrekturen kann man auch nur wirklich wahrnehmen und annehmen, wenn man sich nicht automatisch auf die Anklagebank gesetzt fühlt oder gar schuldig fühlt.

Ihr Gewissen kommandiert sie doch ständig herum: »Aufwachen! Tritt vors Gericht!«

»Sehr wohl, Euer Ehren!«, erwidern Sie.

Wenn Sie allein sind, ist halt Ihr Gewissen der Richter. Aber sobald Sie sich in Gesellschaft begeben, werden Ihr Ehepartner, Ihre Mutter, Ihr Vater sich ebenfalls auf die Anklagebank begeben. Und bei der Arbeit wird der Vorgesetzte die Urteile verkünden. Und in der Mittagspause übernimmt Kollege Friedhelm den Vorsitz, wenn Sie ihm erzählen, wie der Nachbar gestern mit dem Auto über das Fahrrad Ihres Sohnes gefahren ist. Dann, heute Abend, zu Hause, wird Ihr Schwager Peter den Richter spielen.

Und Sie selber? Sie stehen natürlich vor Gericht. Immer. Ein Richter folgt dem nächsten. Ständig ist Beweisaufnahme. Sie legen Ihre Zeugenaussagen ab und das oft gegen sich selber. Das Urteil wird verkündigt: »Schuldig!« oder »Nicht schuldig!«, und dann wird Ihr Fall an den nächsten Richter weitergeleitet.

Kennen Sie dieses Gefühl?

Das Gefühl, ständig vor Gericht zu stehen?

Das Gefühl, dass das Leben nicht eine Bühne ist, sondern

ein Gerichtssaal? Dass andere zum Richter ernannt wurden? Über Sie wird geurteilt. Sie werden verurteilt.

Und dann begeben Sie sich in den Zeugenstand, ins Gefängnis oder an den Galgen, mit der Schlinge um Ihren Hals.

Sie ernennen ständig irgendwen zu Ihrem Richter.

Sie verleihen diesen Menschen das Recht, Urteile zu verkünden.

Sie sind aber nur deshalb vor Gericht, weil Sie sich ständig selbst vor Gericht begeben!

Jeder Tag ist für Sie ein Tag im Gericht.

Jeder Mensch ist Ihr Richter.

Jede Missbilligung ist ein neues Urteil, eine neue Strafe.

Wie komme ich da raus? »Die Fähigkeit, Liebe anzunehmen, ist hier das alles Entscheidende!« – »Es gab Zeiten, in denen ich – obwohl ich geliebt wurde – nicht den Mut hatte, das auch anzunehmen. Deprimiert und einsam fühlte ich, dass niemand mich mochte. Das war zwar nicht wirklich wahr, aber ich habe gelebt, als ob es wahr wäre. Und als Ergebnis wurde ich krank an Leib und Seele. Ich legte mich für Anerkennung ins Zeug und dachte, dass man sich Liebe verdienen müsse. Ich ging davon aus, dass Lob und Liebe das Gleiche sei und dass Kritik Ablehnung bedeute.«

Es gibt nur wenige Dinge, die schmerzlicher sind, als ständig vor Gericht zu stehen. Sie müssen sich ununterbrochen anstrengen, um Anerkennung zu bekommen. Auch Lob ist ein Urteil für Sie. Wenn sich genügend Lob aufsammeln lässt, kommt es vielleicht zum Freispruch. Und wenn darüber hinaus noch ein kleines bisschen Lob mehr kommt, könnte es sogar sein, dass Sie sich selber davon überzeugen, dass Sie o.k. sind.

»Anerkennung ist Liebe!«, so reden Sie sich selber ein. Stimmt natürlich nicht! Anerkennung ist nicht selten Manipulation. Gelobt zu werden heißt häufig, benutzt zu werden. Mit Lob werden wir übervorteilt, durch die Gegend manövriert, uns wird Honig um den Bart geschmiert, um den Willen anderer Leute zu tun. Aber wenn Ihr Lebensziel ist, Anerkennung zu bekommen, macht Ihnen das nichts aus. Kein Preis ist zu hoch, um Anerkennung zu bekommen. »Man kann einfach nie genug Anerkennung bekommen!«

Aber wenn Sie die Anerkennung dann haben, ist sie nichts mehr wert. In Ihren Händen zerfließt sie zu nichts. Sie arbeiten für Lob und Anerkennung, leben für Empfehlungen und Komplimente und opfern sich auf für Ihr Geltungsbedürfnis und Ihre Popularität. Und was kommt am Ende dabei heraus? Leere. Einsamkeit. Und nur sehr wenig Liebe, nach der Sie sich so sehr sehnen.

Das liegt daran, dass die andere Seite Ihnen ständig mit Kritik auf den Fersen ist. Und wenn jemand Sie kritisiert, lehnt er Sie ab. Klar doch: Kritisiert zu werden bedeutet, dass Sie Anerkennung, Respekt, Liebe und alles, wofür Sie sich so abgemüht haben, verlieren.

Und das stimmt natürlich auch nicht. Wenn mich jemand kritisiert, bedeutet das häufig, dass er mich wirklich zu schätzen weiß. Dass jemand mir seine Ehre zeigt, indem er ehrlich angenehme wie unangenehme Gefühle ausdrückt. Von einem echten Freund kritisiert zu werden, bedeutet geliebt zu werden.

Doch wenn Sie sich vor Gericht begeben, bedeutet Kritik Ablehnung, und Lob bedeutet Annahme.

Was für ein Leben! Was für eine Art, am Leben vorbeizugehen. Immer vor Gericht zu sein bedeutet, nicht zu leben.

Man existiert nur noch als ein Schatten, als eine Reflexion der Bestätigung oder Ablehnung anderer.

Mit alldem kann Schluss sein, wann immer Sie wollen. Niemand ist ständig vor Gericht, es sei denn, er oder sie entscheidet sich dazu. Wenn es Ihr Lebensziel ist, von anderen gelobt zu werden, oder wenn Sie sich unter der Kritik anderer winden, dann entscheiden Sie sich, vor Gericht zu sein. Sie sind ein freiwilliges Opfer.

Seinen eigenen Wert daran zu messen oder sich nur wertvoll zu fühlen, wenn andere einen respektieren, gibt diesen anderen viel zu viel Macht.

Sie sind Sie! Fordern Sie sich ein! Seien Sie, wer Sie sind! Sie sind eine wertvolle Person! Nehmen Sie sich selber in Besitz! Erkennen Sie, wer Sie sind! Nehmen Sie für sich selbst die Macht in Anspruch, Sie selbst zu sein – egal, wie Ihre momentane Leistung aussieht, unabhängig von Ihrer Tagesform. Seien Sie, wer Sie sind, vor Gott und anderen Menschen.

Wenn Sie sich endgültig von der Anklagebank entfernt haben, wenn Sie aus Ihren Richtern wieder Freunde, Gleichwertige, Kollegen gemacht haben, wird Ihnen ein wesentlicher Unterschied auffallen, der Ihre Beziehungen verändert. Sie werden sich selber nicht zum Richter über andere machen. Wenn Sie selbst nicht angeklagt sind, werden auch Ihre Freunde, Feinde, Kollegen freigesprochen werden.

Lassen Sie vor Ihrem inneren Auge einmal die Personen auftreten, deren Anerkennung Ihnen alles wert ist. Stellen Sie sich diese Menschen vor: Sehen Sie sie auf dem Richterstuhl, hinter einer Bank, in der Robe. Können Sie ihre anerkennenden oder verurteilenden Gesichter sehen? Nun gehen Sie in Ihren Gedanken zu jedem Einzelnen dieser Personen. Sagen

Sie: »Ich habe Ihnen die Macht gegeben, über mich zu Gericht zu sitzen, mich zu verurteilen, mich abzulehnen. Wenn Sie mich ablehnen, lehne ich mich selbst ab. Wenn Sie mir Anerkennung geben, erkenne ich mich selber an. Mein Glück, Wohlgefühl und mein Selbstwertgefühl hängt von Ihrer Anerkennung ab.«

Wenn man solche Dinge laut sagen würde, klänge es furchtbar hilflos und ohne Rückgrat, oder? Aber versuchen Sie es ruhig einmal. Sagen Sie Ihren Richtern ins Gesicht: »Ich nehme meine eigene Verantwortung für mein eigenes Leben wieder in Anspruch. Ich gebe dir nicht mehr die Macht, mich abzulehnen und mir die Liebe, die Freude und das Glück wegzunehmen. Ich nehme mich selbst wieder in Besitz.«

Und jetzt sind Sie mit der wahren Frage konfrontiert: Werden Sie die Liebe anderer Menschen annehmen können, ohne vorher dafür etwas bezahlt zu haben? Ohne sie erst verdienen zu müssen, bevor Sie sie empfangen können? Werden Sie Liebe für sich selbst annehmen? Können Sie es ertragen, geliebt zu werden, unabhängig davon, ob Sie denken, Sie hätten es verdient?

Das ist der ausschlaggebende Punkt: Liebe annehmen können! Manchen schmeckt das gar nicht. Liebe darf man nur annehmen als wohlverdienten Lohn für gut gemachte Arbeit. Ich kenne das aus meinem eigenen Leben. Selbst, als man mir gesagt hat, dass man mich bedingungslos liebt, habe ich es nicht geglaubt. Ich habe es wegerklärt. Geliebt zu werden machte für mich die ganze Sache nur schwieriger.

Bis ich diese Liebe einfordern, annehmen und dankbar empfangen konnte. Ohne weitere Fragen zu stellen.

Das ist die tiefe Bedeutung dessen, was das Neue Testament »Gnade« nennt: geliebt zu werden – und die Notwendigkeit, diese Liebe anzunehmen – genau an dem Punkt, wo man sie nicht verdient hat.

Doch Gott, der in seiner großen Gnade uns in seiner unendlichen Liebe trägt, und uns mit unbegrenzter Barmherzigkeit begegnet, der uns in Jesus Christus freundlich entgegenkommt, hat uns zu seinem Eigentum gemacht. Es ist seine unverdiente Zuneigung, durch die er uns vergibt. Es ist nicht Ihre eigene Leistung, es ist Gottes Geschenk, keine Belohnung für Ihre eigenen Werke. Es gibt nichts, worauf man stolz sein könnte (vgl. Epheser 2,4-10).

Wie antworten Sie auf eine solche Liebe? Sagen Sie: »Ich bin hoch geachtet, ich bin eine wunderbare Person, ich werde geschätzt, geliebt, angenommen«? Dann stehen Sie auch bei Gott nicht länger vor Gericht. Dann können Sie in Beziehungen zu anderen auch davon absehen, im Gerichtssaal zu stehen. Werden Sie die Freiheit, zu lieben und geliebt zu werden, annehmen können, ohne sich ständig auf der Anklagebank zu fühlen, ohne ständig Selbstzweifel zu hegen und ohne ständig vor Gericht zu stehen.

> *Ich mag dich, wie du bist.*
> *So ganz und gar, so durch und durch,*
> *find ich dich gut gelungen!*

Dieses klcinc Licdchcn ist eines der besonders beliebten bei den kleinen Zuschauern der US-Kinderserie »Mr. Rogers' Neighbourhood«. Mr. Fred Rogers feiert damit die unverdiente Liebe.

Vielleicht kennen Sie die Momente, wo Ihnen ganz bewusst wird, wie wenig Sie die Liebe, die Annahme, den Respekt und die persönliche Wertschätzung, die Sie brauchen und wünschen, verdient haben.

Sie wissen: dass Sie abgelehnt werden können, und manchmal zustimmen müssen, dass Sie es auch verdient haben, tut weh. Und für diesen Schmerz gibt es wenig Trost. Es tut so weh, weil Sie tief in Ihrem Inneren fürchten müssen, verloren zu sein, wenn die Wahrheit bekannt werden würde.

Kennen Sie das Gefühl? Ein Gefühl tiefer Trauer. Ein Verlust all dessen, was Ihnen am meisten bedeutet. Ein Verlust Ihrer selbst. Das »Ich« ist verloren. Vielleicht denken Sie: »Gott hat mich abgelehnt!« Genau an diesem Punkt ist das Wichtigste, was Ihnen jemand sagen könnte: Du bist angenommen – so wie du bist.

Du wirst geliebt – für das, was du bist.

Du wirst geachtet, obwohl du vieles nicht bist.

Gott freut sich über Sie, wenn Sie das annehmen können. Er kann Ihnen sagen und sagt Ihnen auch: »Ich liebe dich, ich nehme dich an, du bist liebenswert.« Und er gibt Ihnen diesen Zuspruch und weiß dabei ganz genau, was oder wen er damit annimmt. Er versteht, was es kostet, so zu handeln. Also, wenn Gott sagt »Ich mag dich, wie du bist, so ganz und gar, so durch und durch«, tut er das mit offenen Augen. Seine Liebe ist nicht blind.

Und doch macht sich seine Liebe freiwillig blind für das Versagen Ihrer Vergangenheit. Wenn er vergibt und wenn wir diese Vergebung annehmen, indem wir sie in unserer eigenen vergebenden Einstellung gegenüber anderen wirklich werden lassen, dann kann man Altlasten vergessen. Gott ignoriert sie. Sie sind ein für alle Mal weg.

Sich so annehmen zu lassen, obwohl wir ganz genau wissen, dass wir nicht annehmbar sind, ist für viele eine unmögliche und unerträgliche Aufgabe.

Es ist keine leichte Übung, Hilfe anzunehmen und zuzugeben, dass man sich selber nicht mehr helfen kann. Manchen schmeckt das so wenig, dass sie es schlicht nicht ertragen wollen. Und so müssen sie ihre Gefühle des Abgelehntseins weiter aushalten. Sie berauben sich großartiger Möglichkeiten. Und sie bleiben dort stehen, festgenagelt, voller Schmerz.

Die Freiheit, die man spürt, wenn man endlich loslässt, kann man mit Worten gar nicht beschreiben. Es gibt keine Sprache, in der man wirklich ausdrücken kann, was es bedeutet, angenommen zu sein, zu wissen, dass man angenommen ist.

Die Annahme eines anderen zu akzeptieren, gerade dann, wenn man sich selber als unannehmbar sieht, das ist Gnade. Und Gnade zu empfangen ist eine große Freude!

Anderen diese Freude zu geben, heißt, ihnen gnädig zu begegnen. Es bedeutet, zu lieben ohne Bedingungen und Grenzen. Es bedeutet, sich am anderen zu freuen und über den anderen zu staunen, ohne zu versuchen, ihn oder sie zu ändern, indem man bestimmte Eigenschaften dieser Person als unakzeptabel oder nicht zumutbar ablehnt.

Sich an anderen zu freuen, ist wie ein schöner Sonnenuntergang. Hier wird auch nicht herumkommandiert: »Ein bisschen weniger Rot, mehr Orange. Stopp! Zu viel Gelb. Ein bisschen mehr Blautöne bitte!« Sie stehen hier nicht in der Kommandozentrale. Sie stehen in Ehrfurcht und Respekt dem anderen gegenüber und können beobachten, wie eine andere Person sich entfaltet. Und Sie freuen sich daran. Das ist Gnade.

Wenn wir wirklich andere annehmen und selbst angenommen werden, erleben wir Freude. »Und was ist, wenn ich nicht annehmbar bin? Was ist, wenn ich abgelehnt werde?«, so fragen wir uns ängstlich. Und gerade dann, wenn wir Ablehnung erwarten, können wir die Annahme anderer in ihrem Lächeln entdecken.

Freude ist das Ergebnis, wenn man wirklich liebt und geliebt wird. Mit allen Fehlern, Flecken und Macken. Oder haben Sie es noch nie erlebt, dass ein Freund Ihnen so nahe kommt, dass er auch Fehler und Makel sieht? Genau wie Ihre Tugenden und Stärken – und Sie immer noch liebt? »Er weiß, wie ich wirklich bin. Er erkennt mich als das, was ich wirklich bin, und doch werde ich geliebt.«

Freude passiert, wenn wir uns wirklich gegenseitig hören können und wenn wir wirklich gehört werden. Haben Sie noch nicht erlebt, wie viel Freude es macht, wenn ein Freund seine Zuneigung in der einzigen Art und Weise zeigt, die wirklich glaubhaft ist? Nämlich, indem er nicht nur hört, was Sie sagen, sondern indem er *Ihnen* zuhört? Und dann möchte Ihr Herz einfach laut ausrufen: »Ich fühle mich verstanden, jemand anders weiß, wie es ist, ›Ich‹ zu sein!« Sie fühlen es in der Brust und an den Augen. Sie werden feucht. Wie Tränen, Freudentränen.

Freude wird erlebt, wenn man genießt, genossen zu werden.

Gnade ist, wenn man annimmt, angenommen zu sein.

Liebe ist, andere als wertvoll anzusehen, so, wie man selbst weiß, dass man wertvoll ist.

Sie sitzen allein im Auto. Die Stunden ziehen sich lang hin. Plötzlich merken Sie, dass Sie Selbstgespräche führen, dass Sie sich selbst Antworten geben und sich selbst zuhören. Sie sind überrascht über Ihre eigene Weisheit. Manchmal fühlen Sie sich so abgeschnitten, so einsam, so isoliert von anderen. Sie fühlen sich nicht verstanden. Manchmal verstehen Sie sich selber nicht. In diesen Momenten gelingt es manchmal, die leeren Spielchen zu durchschauen, mit denen wir so viel Zeit mit anderen Menschen verbringen. Und plötzlich möchten Sie mehr! Mehr als alles andere wünschen Sie sich, andere anzunehmen und angenommen zu sein. Andere zu respektieren und respektiert zu werden. Andere wert zu achten und wert geachtet zu werden.

Und wenn Sie schon Selbstgespräche führen, versuchen Sie doch mal, einige dieser Dinge laut Gott zu sagen. Stellen Sie Ihre tiefsten Gefühle, Sehnsüchte und Bedürfnisse über alles andere. Beschreiben Sie ihm die Liebe und Annahme, die Sie sich von ihm wünschen, wenn er jetzt da wäre.

Und wenn Sie alles gesagt haben, fühlen Sie die Stille, die Offenheit, das Loslassen. Und dann hören Sie ihn, fühlen Sie ihn. Strecken Sie eine Hand aus. Vielleicht kommen Sie jetzt in Berührung mit dem, was Sie sich wirklich die ganze Zeit gewünscht haben. Sie dürfen wissen, dass Sie geliebt werden! Nehmen Sie die Wahrheit an. Sie sind angenommen.

Für die Praxis

1. Tendieren Sie dazu, sich beurteilt und verurteilt zu fühlen, wenn Sie mitbekommen, wie andere Sie sehen, was sie von Ihnen erwarten und wo sie anderer Meinung sind? Besuchen Sie diese Person in Ihrer Vorstellung und sagen Sie ihr: »Ich spüre deine Erwartungen, aber ich bin nicht verantwortlich dafür. Ich möchte sein, wer ich wirklich bin, und in einer Beziehung mit dir bleiben. Dafür bin ich verantwortlich.«

2. Denken Sie über Folgendes nach in Bezug auf sich selbst: Wenn ich mich entschieden habe, in Übereinstimmung mit meinen eigenen Werten zu handeln ...

(1) . . . dann werde ich meine eigenen Handlungen nicht ablehnen oder bereuen, nur weil ein anderer sie verurteilt
oder seine Kritik geäußert hat;

(2) . . . dann werde ich dazu stehen und sie nicht verleugnen
und auch nicht meinen, ich müsste mich entschuldigen
oder rechtfertigen;

(3) . . . dann werde ich meine Verhaltensweisen ändern, wenn
es der Respekt vor den Gefühlen anderer gebietet, oder
weil ich bessere Alternativen in den Beziehungen zu
anderen Menschen sehe – aber nicht aus der Angst vor
ihrem Urteil oder ihrer Ablehnung.

3. Bestätigen Sie jemandem, den Sie lieben, etwa so:

(1) »Ich bin genauso wunderbar wie du wunderbar bist.
Unsere Fähigkeiten mögen unterschiedlich sein, aber
deshalb ist nicht der eine mehr wert als der andere.«

(2) »Ich werde meinen eigenen Wert als Person nicht in
Frage stellen, selbst wenn ich vermute, dass andere
das tun.«

(3) »Wenn du mich kritisierst, möchte ich das als eine aufbauende Begegnung wahrnehmen. Ich möchte die Kritik
hören, ohne mich dabei angegriffen oder abgelehnt zu
fühlen. Wenn du mir Anerkennung gibst, werde ich
einfach sagen: Danke!«

Ich würde mich ändern . . .	*(wenn ich könnte)*
Ich sollte besser sein . . .	*(bin es aber nicht)*
Ich sollte frei handeln können . . .	*(bin aber hilflos)*
Ich wünschte, die Dinge lägen anders . . .	*(aber es ist hoffnungslos)*
Was möchte ich wirklich? . . .	*(Ich weiß nicht – ich bin zu beschäftigt damit, mir hilflos und hoffnungslos vorzukommen.)*

Ich komme nicht weiter.

8

Weiter kommen –
Von der Freiheit, sich zu ändern

Es ist 2.00 Uhr morgens. Sie sind hellwach, liegen im Bett, und die Arbeit des vergangenen Tages geht Ihnen noch einmal durch den Kopf. Schließlich geben Sie den Versuch auf einzuschlafen. Sie kriechen aus den Federn, gehen ins Wohnzimmer und – aua – stoßen sich den Zeh im dunklen Zimmer an einem Stuhlbein.

Da stehen Sie also, lehnen sich an die Fensterbank, massieren sich Ihren Fuß und schauen die Lichter der Stadt an. Das haben Sie also davon! Der ganze Tag ist Stress, nachts können Sie nicht schlafen. Ist das alles, was das Leben für Sie zu bieten hat? Lange Tage und noch längere Nächte? Wo ist die Freude und die Sinnerfüllung, die Sie früher einmal erlebt haben?

»Mein Gott, da muss doch mehr im Leben zu holen sein als diese sinnlose Routine!«

Plötzlich halten Sie inne und merken: Das ist ja schon fast ein Gebet! »Gott, ich fühle mich so einsam. Wenn ich das bloß mit meiner Frau besprechen könnte. Wenn ich bloß einen Freund hätte, der verstehen könnte, was ich fühle . . . Ich brauche jemanden, mit dem ich reden kann! Wie komme ich aus meiner Misere hier raus?«

Warum soll man sich die Mühe machen, dem anderen die Wahrheit in Liebe zu sagen, wenn Veränderung so gut wie nie passiert, und wenn, dann nur langsam? Warum, wenn die Leute doch mehr oder weniger ein Produkt ihrer eigenen Vergangenheit sind, wenn die Leute durch ihre frühe Kindheit bestimmt werden, wenn Leute im Großen und Ganzen Sklaven ihres sozialen Umfeldes sind?

Was sollen alle Mühen, wenn ein erwachsener Mensch sich eh nicht mehr ändert? Aber stimmt das? Im Gegenteil! Das ist gerade ein Kennzeichen des Menschen. Er kann sich verändern, wachsen, schöpferisch tätig sein und sein Leben genießen.

Lernen heißt Veränderung. Wer wirklich lernt, sammelt nicht nur neues Wissen, sondern lässt sich dadurch auch verändern. Veränderung ist die große Chance unseres Menschseins, unseres Lebens und unserer Einzigartigkeit als Kinder Gottes.

Denken Sie mal an einen Ihrer Freunde. An einen Freund, den Sie wirklich respektieren und dessen Begabungen Sie bewundern, dessen Überzeugungen Sie beneiden und vor allem: dessen Mut Sie schätzen, diese auch auszuleben. Haben Sie jemanden gefunden, der Ihnen so erscheint? Dann gut.

Nun stellen Sie sich einmal vor, was dieser Mensch aus Ihrem Leben gemacht hätte, wenn er die Möglichkeit gehabt hätte, Ihr Leben zu managen.

Sind Sie bereit für ein solches Gedankenexperiment?

Es ist frühmorgens. Sie haben gerade Zahnpasta auf der Zahnbürste verteilt und beginnen Ihre Zähne kräftig zu bürsten, als Sie sich zufällig im Spiegel sehen. Es ist nicht Ihr gewohntes Gesicht, was Sie da anschaut, sondern das Ihres Freundes. Vor Schreck fällt Ihnen die Zahnbürste ins Waschbecken.

Da stehen Sie, können es nicht glauben und Ihre Kinnlade fällt Ihnen herunter. Wie oft haben Sie gesagt: »Ich wünschte, ich könnte nur für einen Tag mit meinem Freund tauschen. Ich würde mal gerne sehen, wie jemand anderes das ertragen würde, was ich jeden Tag erdulden muss.«

Und nun ist es passiert. Irgendwo anders, genau in diesem Moment, sieht eine andere Person Ihr Gesicht im Spiegel, wird gleich Ihr Frühstück essen, wird Ihr Auto zu Ihrem Job fahren, wird mit Ihren Freunden reden und den Tag heute mit den Ergebnissen Ihrer Entscheidungen verbringen, die Sie in Tausenden von vergangenen Tagen gefällt haben.

Das beste Vorbild, das Sie kennen, hat sich gerade in Ihr Leben begeben.

Welche Veränderungen passieren nun?

Macht ein neuer Blickwinkel einen echten Unterschied?

Wird ein neuer Geist der Hoffnung durch Ihr Leben wehen und Ihren Beruf, Ihre Freunde, Ihre Arbeit inspirieren?

Geben Sie nun endlich unliebsame Gewohnheiten auf? Und wird man das in Ihrem Leben spüren (und werden das Ihre Kollegen spüren und vielleicht selbst davon angesteckt werden)?

Wenn man nur einen Tag lang nach neuen Verhaltensmustern leben würde, würde das wirklich in der Welt, in der Sie normalerweise leben, einen Unterschied machen?

Und wie sehen die Unterschiede dann aus? Sind es Unterschiede, die Sie auch wollen? Wären das die Veränderungen, die Sie jetzt dringend brauchen?

Was hält Sie davon ab, sich jetzt in Ihrer Situation zu verändern?

Warum blockieren Sie sich selber? Sie blockieren sich, alles das zu werden, was Sie sein könnten. Sie können sich verändern, wenn Sie wollen. Sie können sich als Person ver-

114

ändern. Sie können neuen Mut und Lebenskraft bekommen. Sie können dahin kommen, ein Leben zu leben, das Ihren Möglichkeiten entspricht.

Wenn man sagt, dass Veränderung unmöglich sei, wenn man sagt: »Ich kann mich nicht verändern«, pflegt man damit eine falsche Vorstellung: dass mein Leben durch das Schicksal bestimmt wird.

Die Grundgedanken für einen solchen Lebensstil hören sich so an:

»Ich wurde nicht gefragt, ob ich geboren werden soll.«

»Ich konnte mir meine Eltern, meine Familie und meinen Wohnort nicht aussuchen.«

»Ich bin in einem Schraubstock aufgewachsen. Ich konnte nicht durchatmen, mich bewegen oder wachsen.«

»Ich hatte überhaupt nie etwas zu sagen.«

»Ich musste mich brav hinten anstellen, durfte keine Widerworte geben und nicht meine Meinung äußern.«

»Mit fünf Jahren war mein Charakter festgelegt.«

»Als ich ein Teenager war, war schon alles gelaufen.«

»Ich wurde fremdbestimmt.«

»Ich hatte niemals eine wirkliche Chance.«

»Ich bekam nie genug Liebe, Unterstützung, Vertrauen.«

»Ich hatte nicht die richtigen Eltern, nicht genügend Erziehung und keine gescheiten Vorbilder.«

»Ich habe keine gute Schulbildung, den falschen Beruf gewählt und niemals auch nur eine Chance, das zu ändern.«

»Ich hatte nie auch nur eine einzige Möglichkeit, anders zu sein.«

»Es liegt alles an den Sternen/Karten/Genen/dem Schicksal/dem Lebensskript/äußeren Bedingungen.«

»Ich hab immer Pech gehabt, niemals Glück.«

»Wenn meine Zeit rum ist, werde ich sterben, und das war's.«

»Ich kann nichts daran ändern.«

In einem Provinznest hält ein Polizeiwagen unter dem Licht einer Straßenlaterne vor der Polizeiwache. Zwei Beamte zerren ein verschreckt aussehendes Mädchen aus dem Rücksitz.

Durch die raue Behandlung der Polizisten ist sie völlig eingeschüchtert.

Eine Gruppe von Männern folgt ihnen in die Polizeiwache.

»Wir haben diese Schlampe auf meinem Bauernhof im Heu mit so zwei langhaarigen Affen erwischt. Gekokst haben die und was weiß ich nicht alles. Die Affen sind abgehauen. Aber die hier kriegt's für alle drei heimgezahlt.«

»Was machen wir mit ihr?«

»Dieses kleine Flittchen. Der sollte man eins hinter die Löffel geben, bis sie nicht mehr weiß, ob sie Männchen oder Weibchen ist. Mein Hof ist doch kein Drogenumschlagplatz. Und erst recht kein Puff!«

Kaum bemerkt, bahnt sich ein Mann den Weg durch die Gruppe. Er spricht das total verängstigte und weinende Mädchen an:

»Habt doch Erbarmen«, sagt er sanft und sieht dabei in einen Kreis verhärteter Gesichter.

»Und was sollen wir Ihrer Vorstellung nach mit ihr machen«, fragt ein Polizist. »Man hat sie auf einem fremden Heuboden erwischt mit zwei koksenden Gestalten. Also: Rechtlich gesehen ist sie schuldig: Hausfriedensbruch, Rauschgiftbesitz – vielleicht hat sie sogar gedealt! Dass sie mit den zwei Typen geschlafen hat – na ja, da gibt es zwar kein

Gesetz gegen, aber: Wir sind hier auf dem Land. Da gelten noch die alten Werte!«

Daraufhin richtet sich der Mann auf. »Also gut! Derjenige von euch, der ohne Schuld ist, soll doch dieses Mädchen als Erster schlagen«, sagt er ruhig und schaut einen nach dem anderen ins Gesicht.

Alles schaut perplex drein. Ein alter Mann ist dann der Erste, der die Szene verlässt. Dann folgt der Nächste. Und so weiter. Der Raum wird leer. Außer dem Polizisten bleibt nur noch der Fremde bei dem Mädchen, das immer noch heulend auf dem Boden liegt.

»Wo sind alle deine Ankläger?«, fragt der Mann. »Hat dich niemand geschlagen?«

»Nein niemand«, antwortet sie.

»Dann verurteile ich dich auch nicht«, sagt er sanft. »Du kannst gehen. Du musst nicht mehr in deinem alten Müll leben. Du bist frei, ein neues Leben anzufangen. Du musst nicht immer wieder den gleichen Quatsch wiederholen.« (Vgl. dazu Johannes 8,1-11.)

Können Menschen sich ändern? Kann das Leben anders werden?

Falsche Fragen. Falsche Worte. Falsche Sichtweisen. Es ist nicht die Frage: »Können wir?«, sondern: »Wollen wir?«

Die Kraft dazu ist da. Veränderung ist möglich. Wann und wo auch immer ein Mann oder eine Frau die Verantwortung dafür übernimmt, was in ihrem Leben geschieht (das nennt man oft Beichte) und sich dazu entscheidet, sich zu verändern (das nennt man oft Buße) und sich ausstreckt, um die Hilfe Gottes zu suchen sowie die liebevolle Annahme einiger wichtiger anderer Menschen? (das nennt man oft Bekehrung) – dann beginnt Veränderung.

Gestern habe ich einen Freund mit ein paar unbedachten scharfen Worten verletzt. Ich bin dafür verantwortlich. Ich entscheide mich, mit dieser Person in der Zukunft sanfter umzugehen. Ich bin verantwortlich für dieses neue Verhalten. Das ist Buße.

Ich übernehme die Verantwortung für meinen Teil der Handlungen, die nicht in Ordnung sind. Ich übernehme die Verantwortung für das, was ich an neuen Handlungsmustern leben möchte.

Buße heißt: Die Verantwortung zu übernehmen für das, was gewesen ist. Und neue Verantwortung zu übernehmen für das, was folgt.

Buße heißt: verantwortlich handeln. Es hat nichts damit zu tun, dass wir uns selbst für die Fehler der Vergangenheit bestrafen, dass wir uns für unser Versagen hassen und dass wir uns von unserem eigenen vergangenheitsverliebten Gejammere herunterziehen lassen.

Buße heißt: Ich mache mir klar, wo meine Verantwortung anfängt und wo sie endet und handle entsprechend.

Buße bedeutet, die offenen Fragen der Vergangenheit abzuschließen und auf eine neue Art und Weise zu leben, die nicht die alten unbefriedigenden Situationen wiederholt.

»Ihr wolltet mich nicht«, sagt ein Mädchen zu ihrer Mutter, »ihr habt mich niemals gewollt.« Seit 14 Jahren lebt dieses Mädchen mit der Last einer unbedachten Äußerung: »Wir wussten nicht, dass wir Zwillinge bekommen würden. Das zweite Kind war ein echter Schocker für uns.« Dieser Kommentar der Mutter, nebenbei von einem spielenden Kind aufgeschnappt, war ihre früheste Kindheitserinnerung. Mit dem Gefühl, ungewollt zu sein, zog sie sich zurück. Die Mutter, die das Ganze nicht verstand, ließ sie in ihrer Einsamkeit.

Nun weiß die Mutter Bescheid. Aber was soll sie tun? Sich selber für ihr Unbedachtsein bestrafen? Sich selber hassen, weil einem sensiblen, kleinen Mädchen Schaden angetan wurde?

Weder das eine noch das andere würde einem der beiden helfen.

Sie kann Buße tun. Das bedeutet, die Verantwortung zu übernehmen für ihren Anteil an der Vernachlässigung ihrer Tochter. Ab jetzt kann sie verantwortlich handeln. Sie kann sagen: »Ich wollte dich und ich will dich jetzt. Du bist mir wertvoll. Ich möchte dir jetzt nahe sein.« Sie kann sich überlegen, auf welche Art sie der Tochter nahe sein kann, sie kann mehr Zeit für Gespräch und Zuhören frei machen und sie kann neue Wege finden, um ihrer Tochter zu signalisieren: »Ich mag dich. Beobachte mich und sieh selbst, wie sehr ich dich mag.«

Ich kenne einen Vater, der hilflos zusah, wie seine Söhne ihre Teenagerzeit durchmachten. »Sie gehorchen mir nicht. Ich kann nichts machen. Als Vater bin ich ein Versager«, so sagte er.

In der Zwischenzeit wurden seine Söhne immer bitterer angesichts der Tatsache, dass ihr Vater kein Rückgrat hatte, dass er ihnen wie ein Weichei begegnete und dass er bei jeder Herausforderung den Waschlappen markierte.

Was kann der Vater tun?

Er kann Buße tun. Das heißt: Er übernimmt die Verantwortung dafür, dass er seine Söhne im Stich gelassen hat. Er kann erkennen, wie er alle Konfrontationen mit ihnen vermieden hatte, und ihnen jetzt aufrecht entgegentreten.

Er kann sie genügend lieben und er ist stark genug, um ihnen zu begegnen. (Er hat genug Kraft. Er hat nur die meiste davon verbraucht, um sich selber zu schützen.) Er kann sie genug lieben, um es auszuhalten, dass seine Söhne ihre Stärke mit seiner Stärke messen möchten.

Das ist Buße. Die Verantwortung übernehmen für das, was gewesen ist, keine Zeit mit Selbstbestrafung oder Selbsthass verschwenden und sich schnell auf den Weg machen, neue Verhaltensmuster zu entwickeln, die sich der Realität stellen.

Zum Beispiel könnte man sagen:»Ich habe mich geirrt. Ich habe einen Fehler gemacht. Ich fange noch einmal von vorne an.« Oder, wenn Ihre bisherige Lebenseinstellung eine einzige Entschuldigung dafür war, dass es Sie überhaupt gibt: Sie sind frei – durch die Gnade – sich nicht zu entschuldigen. Sie können sagen:»Ich bin angenommen. Ich bin okay. Und darf so sein, wie ich bin. Ich muss mich nicht dafür entschuldigen, dass ich lebe. Ich werde geliebt.«

Die Fähigkeit, Buße zu tun, bestimmt unsere Möglichkeiten, andere zu lieben, ihnen zu vergeben wie auch unsere eigene Fähigkeit, Liebe und Vergebung von anderen anzunehmen. Eine Person, die sich wirklich entwickelt, kann ehrlicherweise sagen:»Ich habe Fehler gemacht. Ich stehe dazu. Es war mein Fehler und ich bin dafür verantwortlich. Ich entscheide mich dazu, in Zukunft anders zu handeln. Ich entscheide mich dazu, anders zu lieben.«

Die Fähigkeit zur Buße steht in direktem Zusammenhang mit unserer Bereitschaft, die Wirklichkeit wahrzunehmen. Man muss sehen, was wirklich wahr ist, wo man echte Verantwortung übernehmen kann. Man braucht Mut, um zu sehen, was in unseren Beziehungen wirklich geschieht. Davor haben wir Angst – und das mit gutem Grund. Meistens haben wir vor den falschen Dingen Angst.

Wir reden uns ein:»Alles wird zusammenbrechen, wenn ich die Dinge zulasse, die wirklich wahr sind. Doch das stimmt nicht. Wir können es wagen, die Dinge zu sehen, wie sie sind, soweit unsere Wahrnehmungsfähigkeit es ermöglicht. Doch sehen müssen wir! Es ist die einzige Möglichkeit zu wachsen.«

Was wir wirklich fürchten sollten, wäre, dass die Dinge *nicht* zusammenbrechen, dass Dinge sich *nicht* ändern, dass wir immer so weitermachen, die gleichen Fehler immer und immer wiederholen und dass wir ewig in dieser Klemme bleiben. Das werden wir auch tun. Es sei denn, wir übernehmen die Verantwortung für unsere Fehler und nehmen damit auch die Verantwortung für Veränderung auf uns.

»Irgendwie blicke ich nicht mehr durch«, sagen Sie. Sie stehen im Türrahmen zum Zimmer Ihres Sohnes und schauen auf das leere Bett. Es ist 2.00 Uhr morgens. Er ist Gott-weiß-Wo und tut Gott-weiß-Was. »Ich weiß nicht, wie oder wann es anfing, aber als Vater habe ich versagt. Wirklich versagt.«

Da stehen Sie, den Kopf gegen den Türrahmen gelehnt, und lassen die vergangenen 17 Jahre noch einmal durch den Kopf gehen. Sie wünschten, Sie hätten vieles anders gemacht. Nein, *alles* anders. Und es tut weh. Sie leiden für Ihren Sohn und für sich selber.

So versinken Sie in Ihrer eigenen Schuld, in Ihrem Jammer über die Fehler, die Sie in der Erziehung gemacht haben. Fehler, Schuld, Ärger. – Alles staut sich auf, und es kommt wieder einmal zur Krise, und wieder einmal werden Sie alles am Sohn herauslassen.

»Was wäre, wenn ich ihm sagen würde, wie verletzt ich bin, anstatt ihm zu sagen, was mit ihm alles falsch ist?«, so fragen Sie sich selber. »Was wäre, wenn ich ihm sagte, dass ich mich um ihn sorge, anstatt ihn niederzumachen? Immer komme ich in diesen Teufelskreis: Ich fühle, dass ich schuldig an meinem Sohn geworden bin – also werde ich ärgerlich auf ihn – also fühle ich mich noch schuldiger und werde noch wütender. Der erste Schritt in die Freiheit könnte sein, zuzugeben, was ich wirklich fühle.«

In der ganzen christlichen Bedeutung des Wortes ist Buße ein Prozess. Es ist das Auftauen festgefrorener Lebensstile durch einen fließenden, sich bewegenden und wachsenden Prozess.

Buße bedeutet, in einer Offenheit zu leben, die wir auch Verletzlichkeit nennen können. Buße heißt, in entscheidungsfreudiger Ehrlichkeit zu wachsen, die wir Verantwortung nennen. Buße ist ein Prozess. Sie setzt sich fort, so lange, wie das Leben sich fortsetzt.

Um eine Buße tuende Person zu werden, kann ich es bestimmen, in einer offenen, ehrlichen Verletzlichkeit sowohl vor Gott und den Menschen zu leben und in einer klaren entscheidungsfreudigen Verantwortung vor Gott und den Menschen.

Und noch etwas zur Verletzlichkeit. Verletzlichkeit heißt, dass die Buße meine eigenen Abwehrmechanismen in Frage stellen kann. Wenn ich jemandem zugestehen muss, dass ich Fehler gemacht habe, erstarre ich innerlich. Wenn ich angesichts meines Versagens ehrlich werden soll, habe ich plötzlich die Angst, dass ich die Achtung, das Vertrauen und möglicherweise die Freundschaft des anderen verliere. Natürlich stimmt das meistens nicht, aber meine innere Abwehr beharrt darauf, dass es doch so ist.

Buße schließt also ein, dass wir in freiwilliger Verletzlichkeit unsere eigenen Ängste akzeptieren. Und das schafft

Vertrauen, macht Achtung möglich und fördert Freundschaft.

Ich rede jetzt nicht von Selbsterniedrigung, mit der man sich in falscher Demut oder Selbsthass begegnet, sondern von dem ganz einfachen Akzeptieren der eigenen Erfahrung als das, was sie ist.

Ich habe entdeckt, dass solche Verletzlichkeit immer wieder die schönsten und bedeutungsvollsten Erfahrungen in zwischenmenschlichen Beziehungen hervorbringen kann. Menschen sind liebenswert, wenn sie verletzlich sind. Menschen sind glaubwürdig, wenn sie verletzlich sind.

Wenn Menschen verwundbar sind, werden sie lebendig als wirkliche, liebende, atmende, schmerzende, fühlende, lachende, singende, wachsende Menschen.

Aber das kostet einen Preis: dass wir nicht mehr so tun als ob, sondern dass wir einen Lebensstil der Bußfertigkeit praktizieren. Kein Mensch hat jemals sichere und geborgene Unverwundbarkeit erreicht. Sicher: Wir können so tun als ob. Wir können uns hineinträumen in den Gedanken, dass so etwas möglich wäre, können hart daran arbeiten, in unserem Leben diesen Zustand zu erreichen und können weitermachen, als ob wir wirklich Fortschritte erzielten.

Aber wir kommen niemals an. Unsere Erklärungen werden weiterhin in Frage gestellt. Unser Schauspiel weckt ständig Misstrauen. Unsere zur Schau gestellte Überlegenheit ist niemals über alle Kritik erhaben.

Wir sind verletzbar. Wir spüren das, selbst wenn wir es verleugnen.

Verletzbar zu sein heißt, die alten Abwehrmechanismen durch Buße zu ersetzen und ganz einfach ehrlich zu werden, ganz einfach offen zu werden, ganz einfach Willens zu sein, sich zu ändern und zu wachsen.

Noch ein zweites zur Verantwortung:

Verantwortung heißt, dass die Buße meine Entscheidungsfindung beeinflusst und meine Handlungen in neue Richtungen orientiert.

Buße heißt: verantwortlich handeln. Wenn ich das sage, ist mir klar, dass die meisten Menschen das Wort »verantwortlich« als eine Art Kommando verstehen: »Du bist verantwortlich!« Dieses Kommando kommt von irgendeiner Art von Autorität – entweder dem Gewissen in uns oder irgendeiner kontrollierenden Kraft außerhalb.

Aber die eigentliche Bedeutung des Wortes »Verantwortung« heißt: in der Lage sein, Antwort zu geben.

Ich stelle fest, dass, sobald ich mich dazu entscheide, verletzbar zu sein, indem ich anderen zeige, wer ich bin, wo ich versagt habe, wo ich verletzt bin und was ich wirklich in meinem Leben möchte, sich in mir die Kraft entwickelt, anderen auf eine neue Art und Weise zu begegnen. Eben: verantwortlich. Ich kann Antwort geben! Einiges davon kommt aus meinen eigenen Fähigkeiten. Ein viel größerer Teil kommt durch die Kraft des Heiligen Geistes, der in mir wohnt. (Wer weiß schon genau, wo das eine aufhört und das andere anfängt. Seien wir einfach dankbar dafür, dass es Kraft, Mut, Durchhaltevermögen und Geduld gibt, denn das sind die Kennzeichen der Verantwortung.)

Buße ist ein stetiger, niemals aufhörender Prozess im Leben als Christ. Buße soll im Mittelpunkt meines Lebensstiles stehen. Sie ist der Schlüssel zu Wachstum, zu Beziehungen und zum Wirken Gottes in unserem Leben.

Buße heißt Hoffnung. Hoffnung, dass Veränderung möglich ist. Hoffnung, dass Vergebung möglich ist. Dass ich geliebt und angenommen sein kann, sowohl bei Gott als auch bei meinen Mitmenschen, wenn ich nur dazu stehe, was ich getan habe und wohin es mich gebracht hat. Hoffnung, dass das Leben neu werden kann.

- Die Fähigkeit, klar zu sehen, wo ich stehe,
- die Verantwortung, sich ganz und gar zu dem zu stellen, was man getan hat,
- die Bereitschaft, entschieden anders zu handeln,
- der Mut, neue Handlungsweisen durchzuziehen, das ist Buße.

Buße ist aktiv, nicht passiv. Sie drängt zur Handlung, nicht nur zu guten Vorsätzen oder edlen Gefühlen.

Ich habe täglich Buße zu tun und ich denke, das wird auch für Sie gelten.

Erwarten Sie von sich Buße. Planen Sie sie für sich selber ein. Machen Sie sie zu einem ganz normalen Teil Ihres Lebens. Sie ist der Schlüssel zum Leben.

Als Jesus zu uns kam, waren seine ersten Worte: »Das Reich Gottes ist nahe gekommen« (oder: Das Reich, in dem die Beziehungen geklärt sind, ist hier). »Tut Buße und glaubt an das Evangelium« (oder: Ändere deine Richtung, verändere dich und glaube daran, dass du frei bist, zu lieben und geliebt zu werden).

In einer modernen Bibelübersetzung hören sich diese Sätze (aus Markus 1,15) so an: »Es ist so weit: Jetzt wird Gott seine Herrschaft aufrichten und sein Werk vollenden. Ändert euer Leben und glaubt dieser guten Nachricht!«

Der Säufer sieht nach oben, als er eine Hand auf seiner Schulter fühlt. Ein Dutzend Männer war in seine Gasse gekommen, sie waren stehen geblieben und standen nun um ihn herum.

Einer von ihnen richtet sich an den, der ihr Leiter zu sein schien: »Herr, wessen Fehler ist es, dass dieser Mann ein

Säufer ist? Sein eigener? Hat seine Frau ihn in den Suff getrieben? Oder waren es seine Eltern?«

»Lasst das dumme Spielchen mit den Vorwürfen sein«, erwidert der Leiter, »fragt lieber: Was kann aus ihm werden? Was kann er jetzt tun?«

Er streckt seine Hand aus und hält sie unter das unrasierte Kinn des Mannes. Sie sehen sich in die Augen und schauen sich an.

»Komm mit«, sagt er, »du kannst die Gosse jetzt verlassen. Hier ist etwas Geld, drüben beim CVJM kannst du dich duschen, deine Kleider wechseln, dich rasieren und nach Hause gehen.«

Zwei Stunden später steigt der Mann aus einem Bus in der Nähe seines ehemaligen Hauses.

»Hey, guck mal, ist das nicht Willy, der alte Schluckspecht?«, fragt ein Nachbar.

»Nee, das kann nicht sein«, sagt ein anderer, »der versumpft gerade in irgendeiner Gosse.«

»Sieht aber ganz aus als ob er's wäre.«

»Jawohl«, sagt Willy, »ich bin's.«

»Was ist passiert?«

»Weiß nicht: Dieser Mann hat zu mir gesagt: ›Willy, du bist jetzt frei. Geh nach Hause, du bist wieder okay!‹ Hab ich gemacht, hier bin ich, ich bin okay.«

In der Zwischenzeit sammeln sich einige Menschen um sie herum.

»Was ist los?«, fragen sie. »Was ist mit dir?«

»Na ja, heute Morgen um 9.00 Uhr war ich gerade dabei, den Kater von einer Pennerbombe Lambrusco wegzuschnarchen. Da kommen dieser Kerl und seine Freunde die Gasse entlang. Er redete mit mir wie mit einem Menschen. Er sagte mir, ich sei okay. Er sagte mir, ich sei frei, das alte Leben hinter mir zu lassen. Ich könnte gehen. Das hab ich getan und hier bin ich.«

»Du machst uns doch was vor«, ruft irgendjemand.

»Na klar, alles Kamine! Du warst nie wirklich ein Säufer. Was soll der Blödsinn?«

»Kein Blödsinn«, erwidert der Mann, »ich bin jahrelang sternhagelvoll gewesen. Jetzt bin ich nüchtern.«

»Unmöglich«, schimpft einer, »wer einmal Alkoholiker ist, bleibt für immer Alkoholiker.«

»Kann schon sein«, erwidert der Mann, »aber eines weiß ich. Ich war ständig besoffen, und jetzt bin ich's nicht mehr.«

»Erzähl uns doch mal ganz genau, was passiert ist«, fordern ihn die Leute auf.

»Warum? Möchtet ihr euch auch ändern? Möchtet ihr auch mal schmecken, wie diese neue Freiheit ist?«

»Man kann die menschliche Natur nicht ändern. Du bist auch nicht anders. Wart's nur ab. Du bist der Alki, und das wirst du immer bleiben!«

Da fährt der Bus zur Innenstadt wieder in die Haltestelle ein. Mit einem Achselzucken steigt Willy ein.

Ein paar Straßen von der Endstation entfernt, in den Straßen der Stadt, trifft Willy wieder diesen Mann und seine Gruppe von Freunden.

»Alle sagen, ich sei überhaupt nicht anders, dass ich mich nicht ändern könnte«, sagt Willy. »Ich denk mal, dann wird's wohl stimmen. Es gibt wirklich keine Hoffnung.«

»Und was meinst du?«, fragt der Mann.

»Ich? Keine Ahnung. Aber heute hatte ich mich gefühlt, als wäre ich wirklich anders. So, als ob Gott mich berührt hätte. So, als ob ich wirklich frei sein könnte. So als ob es okay sein könnte, dass ich ich bin.«

»Und genau das stimmt. Du kannst weiter ein freier Mensch sein, und Gott ist mit dir, siehst du.«

»Ja, ich glaube, ich verstehe. Aber warum können meine Familie, meine Freunde, die anderen das nicht verstehen?«

»Niemand ist so blind wie der, der nicht sehen will!« (Vergleiche dazu Johannes 9,1-41.)

Für die Praxis

1. Wenn Sie mit dem Rücken zur Wand stehen, und sich nicht in der Lage fühlen, irgendetwas zu ändern, denken Sie an Friedrich Christoph Oetingers bekanntes Gebet:

Gott gebe mir die Gelassenheit
die Dinge anzunehmen, die ich nicht ändern kann,
den Mut die Dinge zu ändern,
die ich ändern kann,
und die Weisheit den Unterschied zu erkennen.

Üben Sie diese Weisheit für sich ein. Welche Dinge können Sie ändern? Wie? Hier und jetzt? Schreiben Sie sie in eine Tabelle mit zwei Spalten. Erste Spalte: Kann ich nicht ändern. Zweite Spalte: Könnte ich ändern. In die erste Spalte schreiben Sie: Ihr Alter, Ihr Geschlecht, Ihre Familie; in die zweite Spalte: Ihre Beweglichkeit, Ihr Denken, Ihre Sexualität und Ihre Familienbeziehungen.

2. Wenn Sie zu den Erfahrungen der Vergangenheit stehen, darüber Buße tun und sie klären wollen, sagen Sie das einem anderen, Ihnen vertrauten Menschen und gemeinsam mit diesem Menschen Gott.

Die Erfahrungen Ihrer Vergangenheit brauchen Sie nicht zu übersehen. Sie brauchen sie nicht zu verzerren und nicht zu rechtfertigen.

Auch diese Erfahrungen verdanke ich meiner Freiheit, das zu tun, was ich getan habe, aber sie sind nicht mehr das, was mich jetzt ausmacht. Ich habe Vergebung erfahren. Ich bin frei.

Hier und jetzt in diesem Moment übernehme ich die Verantwortung für meine eigenen Entscheidungen. (Ich sehne mich nach Verständnis und Liebe von den Menschen in meiner Nähe, und ich möchte wissen, was Jesu Weg wäre.) Aber: Ich bin voll und ganz verantwortlich für meine eigenen Entscheidungen, ob sie gut sind oder nicht, und ich akzeptiere die Konsequenzen meines eigenen Verhaltens.

Ich erkenne und antworte dem »Gott, der in euch wirkt – beides; das Wollen und das Vollbringen«; so mache ich es mir zu eigen und »schaffe«, wie Paulus sagt, »dass ich selig werde, mit Furcht und Zittern« (Philipper 2,12-13).

Früher habe ich die Dinge etwas einseitig gesehen.
(Jetzt habe ich was gegen Leute, die alles so
einseitig sehen.)

Früher hatte ich selbst Vorurteile.
(Jetzt kann ich Leute mit Vorurteilen nicht
ertragen, weil sie niemanden gelten lassen,
der anders ist als sie.)

Früher habe ich Raucher gehasst.
(Jetzt hasse ich die Leute, die Raucher hassen.)

9

Vorurteile erkennen –

Wenn der andere anders ist

»Guck dir mal diese schrägen Türken im Einkaufszentrum
an – man muss hinterher seine eigenen Finger abzählen,
um sicher zu gehen, dass sie einem nicht einen geklaut
haben.«

Die Kollegen, die während der Mittagspause diesen
Spruch von Ihnen hören, grinsen zustimmend, und das tut
gut. Und dann erschrecken Sie über sich selbst, denn dieser
Spruch ist ein Zitat von Ihrem Vater, der damit seine ras-
sistischen Vorurteile zum Ausdruck brachte.

Nun gestehen Sie sich selber ein, dass diese alten Sprüche
Ihres Vaters wirklich nicht einer Wiederholung wert sind.
Und doch sagen Sie sich: »Das ist eine Gewohnheitssache!
Diese alten Kamellen wiederholen sich in mir, als ob sie
auf Tonband aufgenommen wären. Ich merke nicht einmal,
wie altbacken diese Sprüche sind, bis ich sie selber laut
ausgesprochen höre.« Und so entscheiden Sie, dass Sie von
nun an aufmerksam sein werden, wenn diese alten Tonbän-
der in Ihnen ablaufen. Wenn Sie wieder einen solchen
Spruch vom Stapel lassen, können Sie sich unterbrechen –
auch mittendrin – und von vorne anfangen. Sagen Sie sich
selbst: »Ich bin nicht gezwungen, die Vorurteile meines
Elternhauses weiter zu glauben. Ich kann meine eigenen
Worte wählen. Ich kann mich entscheiden, eine andere

Einstellung gegenüber Menschen anderer Herkunft zu wählen.«

Wenn ich den Vorurteilen anderer Leute deutlich begegnen möchte, dann muss ich meine eigenen Vorurteile kennen und bekämpfen.

Bevor ich es wage, einen anderen Menschen auf seine Voreingenommenheit oder Intoleranz hinzuweisen, muss ich meine eigene Denkrichtung erkennen. Auch ich neige dazu, die Dinge immer so zu sehen und alles so hinzudrehen, dass meine Sichtweise immer mich, meine eigene Herkunft und meine Familie etc. bevorzugt.

Ich muss mich mit meinen eigenen Vorurteilen auseinander setzen, egal ob diese radikal, liberal, konservativ oder indifferent sind.

Irgendwo haben diese Ideen begonnen –
   dass Weiße denken, sie hätten das göttliche Recht überlegen zu sein,
   dass Schwarze gewalttätig und machtbesessen seien,
   dass man auf die Indianer gut auch verzichten könne,
   dass die Mexikaner faul und verantwortungslos,
   die Polen dumm und langsam,
   die Russen bösartig und unehrlich,
   die Italiener streitsüchtig seien.
Woher kommen diese Überzeugungen? Ich weiß gar nicht mehr, wer zuerst solche Stereotypen in meinen Gedanken ausgesät hat. Können Sie sich noch daran erinnern, wie Vorurteile in Ihr Denken gekommen sind?

Egal wie, wo und wann ich diese Dinge gelernt habe: Wenn solche Vorurteile jetzt Teil meines Denkens sind, bin ich dafür verantwortlich. Wenn Sie noch so denken, sind Sie verantwortlich. Solche Ideen bleiben in unserem Denken, weil wir uns entschieden haben, sie zu behalten. Wir selber fahren auf absurde Ideen ab wie: »Schwarze sind biologisch gesehen anders als Weiße«, oder: »Ausländer sind unstet, faul und nicht vertrauenswürdig.«

Immer wieder rekapitulieren wir diese alten Zöpfe: »Es scheint, dass Ausländerkinder geringere Intelligenzquotienten haben.«

»Das Ausländerproblem ist im Großen und Ganzen ein Problem der Ausländer.«

»Die Russen kommen nur nach Deutschland, um das dicke Geld abzusahnen.«

Solche Worte sind hohl. Wir wissen es, wenn wir sie hören, und doch dient ihre Wiederholung dazu, dass wir uns ständig selbst vergewissern, dass unsere Vorurteile doch gerechtfertigt sind.

Sind sie aber nicht.

Bei einer Grillparty in der Nachbarschaft lernen Sie die Familie Yilmaz kennen. Sie sind die ersten Türken, die Sie wirklich kennen lernen – zumindest auf einer persönlichen familiären Grundlage. Es war nett, sie kennen zu lernen, aber doch haben Sie sich unwohl gefühlt. Sie haben sich selber dabei ertappt, wie Sie immer mal wieder nachgecheckt haben, wie der Mann Ihre Frau angeschaut hat. Sie fühlten sich angespannt und distanziert.

Jetzt fällt Ihnen erst auf, wie tief Ihre Vorurteile verwurzelt sind. Egal, ob es die Vorstellung ist, Schwarze seien sexuelle Hochleistungssportler oder dass Türken nicht zur Arbeit zu motivieren seien oder dass Polen lange Finger hätten. Und Sie fragen sich, woher diese ganzen alten Sprüche kommen.

Und dann müssen Sie sich eingestehen: Sie kommen von Ihnen selbst. Sie sind Teil Ihres Gedächtnisspeichers. Sie können sie aufrufen. Sie können sich selber immer wieder bestätigen – jedes Mal, wenn Sie sie denken oder aussprechen. Vielleicht könnte es helfen, wenn Sie über Ihre Vorurteile mit der Familie Yilmaz selber sprechen.

»Was? Die sollen mir helfen?« Noch ein Vorurteil. Die Antwort, die Sie sich selber geben könnten, lautet: »Klar, warum nicht?«

Vorurteile sind eine Ansammlung negativer Gefühle, die sich dagegen wehren, vom Gegenteil überzeugt zu werden. Alle abwertenden Einstellungen, die auf falschen und unflexiblen Verallgemeinerungen beruhen, sind Vorurteile. Und im Folgenden beschreibe ich, wie solche Verallgemeinerungen, die wir Vorurteile nennen, entstehen:

Wir sortieren die Menschen in Schubladen, um nicht verrückt zu werden. Das Eingruppieren von Dingen, von Gedanken und von Menschen in unterschiedliche Klassen ist notwendig, um mit der Komplexität unserer Welt fertig zu werden. Das Problem ist nur: Wir haben die Tendenz, die Unterschiede zwischen den Schubladen zu übertreiben und die Unterschiede innerhalb der Schubladen zu untertreiben.

Wir benutzen Stereotypen, um unser seelisches Gleichgewicht zu erhalten. Unser inneres Gleichgewicht wird oft durcheinander gebracht, wenn wir uns die Unterschiede zwischen den Menschen ansehen. So gehen wir dazu über, bestimmte Eigenschaften großen Gruppen von Menschen zuzuschreiben. Diese Vorstellungen dienen oft dazu, negative Gefühle zu rechtfertigen, seien es Angst, Zorn oder Minderwertigkeitsgefühle. Stereotypen sind Theorien des Kopfes, die das unterstützen, was das Herz gerne glauben möchte.

134

Damit unsere Überzeugungen »rein« bleiben, filtern wir alles aus, was stört. Dadurch, dass wir sehr selektiv auswählen, was wir wahrnehmen, begrenzen wir ganz automatisch unsere Kontakte und Möglichkeiten. Durch selektive Aufmerksamkeit schließen wir unbewusst alle Erkenntnisse aus, die unsere Überzeugungen in Frage stellen könnten. Durch unsere selektive Erinnerung lassen wir Tatsachen unter den Tisch fallen, die nicht in den Kram passen. Das heißt: Nur solche Beweismittel sind zugelassen, die unsere Theorie erhärten; Widersprüche sehen wir als die Ausnahmen, die die Regel bestätigen.

Das heißt: Zuerst diskriminieren wir Menschen in unseren Gefühlen, dann in unseren Gedanken und schließlich in unseren Handlungen *und wir bemerken es nicht*.

Zum Beispiel kann es sein, dass die Eigenschaften, die wir in einer bestimmten Gruppe als Tugend ansehen (weil wir dieser Gruppe selber ähnlich sind), in einer anderen Gruppe, die uns unähnlich ist, verurteilen. Was bei dem einen als Sparsamkeit gepriesen wird, ist beim andern Geiz. Der eine ist ehrgeizig, der andere machtgeil. Der eine möchte gerne was lernen, der andere ist ein Streber. Der eine ist ordentlich, der andere zwanghaft. Der eine ein Lebenskünstler, der andere ein fauler Sack.

Es ist meine eigene Entscheidung, welche Glaubensgrundsätze, innere Einstellungen, Denkmuster ich von diesem Moment in den nächsten hinüberrette. Für die Vorurteile, die ich behalte, bin ich verantwortlich.

Ich bin frei – falls ich überhaupt daran glaube, dass Menschen freie Entscheidungen treffen können – und daher kann ich die Vergangenheit und ihre Überzeugungen auch hinter mir lassen.

Ich habe ausländerfeindliche Einstellungen. Ich mag es nicht, sie in mir zu entdecken, und so werde ich ein Experte dafür, sie zu verstecken und zu vertuschen. Aber ich weiß auch, dass Freiheit und Heilung geschieht, wenn ich zu diesen Einstellungen stehe, meine innere Unordnung zugebe, meine Gleichgültigkeit bekenne, meine Mythen wegwerfe und mich verändere.

Das Leben verändert sich in jedem Augenblick. So kann auch ich mich ändern, es sei denn, ich entscheide mich dazu, an alten, engstirnigen und selbstzerstörerischen Gedanken und Handlungsweisen festzuhalten. Das loszulassen, was ich lange festgehalten habe, tut weh. Doch wenn ich bereit bin, das Risiko dieses Schmerzes auf mich zu nehmen, kann Heilung geschehen. Vorurteile sind wie der Biss einer Bulldogge. Die Zähne sind fest aufeinander gepresst. Genauso beißt die Vergangenheit zu und ihre Zähne sind die von uns gehegten Vorurteile. Damit schützt man sich vor der Gegenwart und ihrer Wirklichkeit. Vorurteile erlauben es, dass man sich der scheinbaren Sicherheit von Fantasien hingeben kann, die uns einreden, dass »ich und Leute wie ich« in irgendeiner Weise mehr wert seien.

Vorurteile können überwunden werden, wenn die Bereitschaft da ist, sie zu sehen, sie zu bekennen und dann den alten Gedanken Adieu zu sagen. Denn dann geschieht Heilung, Vergebung, Liebe und Klärung von Beziehungen.

Stellen Sie sich einen Afrikaner vor. Welches Bild kommt Ihnen in den Sinn? Sehen Sie vor Ihrem inneren Auge einen Asylbetrüger, der mit Drogen handelt, seine Frau schlägt und auf Kosten unserer Gesellschaft lebt?

Alles falsch. In Deutschland lebende Afrikaner sind ebenso Wissenschaftler und Künstler, die unsere Kultur bereichern. Entgegen allen Vorurteilen sind sie nicht häufiger gewalttätig oder kriminell als der gleich viel verdienende Durchschnitt der Bevölkerung. Sie arbeiten genauso gerne wie Sie und ich, und wo das aus einwanderungsrechtlichen Gründen nicht möglich ist, leiden sie darunter, arbeitslos zu sein. Sie lieben ihre Frauen und Kinder genauso wie andere Menschen in unserer Gesellschaft ihre Familie lieben.

Nun denken Sie einmal an einen »Kurden«. Welches Bild entsteht vor Ihrem inneren Auge. Sehen Sie einen fahnenschwingenden politischen Aufrührer, der nichts Besseres zu tun hat, als an Demonstrationen für radikale politische Parteien teilzunehmen, oder stellen Sie sich da einen fundamentalistischen Moslem vor, dem nichts lieber wäre, als die gesamte Christenheit auszurotten?

Auch hier wieder: voll daneben. Vielleicht sollten Sie sich unter einem Kurden viel eher jemanden vorstellen, der wegen seines Glaubens und seiner Volkszugehörigkeit in seiner Heimat verfolgt wird. Wahrscheinlich ein Nachfolger Christi, der selber oder im Kreis seiner Angehörigen Folter und Verfolgung erlebt hat. Mit größter Sicherheit aber ein Mensch, der sich nach Frieden und persönlicher Sicherheit sehnt und dem wahrscheinlich nichts lieber wäre, als diese Bedingungen in seiner eigenen Heimat zu finden oder schaffen zu können.

Warum pflegen wir also solche Vorurteile? Wir haben uns mit ihnen eine gute Entschuldigung zurechtgelegt, und zwar dafür, dass wir gleichgültig geblieben sind gegenüber den Ungerechtigkeiten, die anderen zugefügt wurden. Und auch dafür, dass wir uns angesichts menschlicher Not zurückgezogen haben in unsere eigene gleichgültige Sicherheit. Und drittens dafür, dass wir unseren Reichtum genießen, ohne zugeben zu müssen, dass unser Wohlstand oft auf Kosten anderer entsteht und viertens dafür, dass wir politische Entscheidungen fordern, die uns und unserer sozialen Schicht helfen, während sie anderen Steine in den Weg legen. Und das ist nur der Anfang.

Was bringen uns unsere Vorurteile? Eine Entschuldigung dafür, dass wir gleichgültig zusehen, wie unsere Nachbarschaften, unsere Wohnhäuser, unsere Arbeitsstellen oder unsere Vereine alle die ausschließen, die anders sind als wir? Haben unsere Vorurteile dazu beigetragen, dass unsere Kirchen von Ausländern kaum besuchte Organisationen geblieben sind, die den gesellschaftlichen Status quo erhalten? Haben unsere Vorurteile unser mangelndes Selbstbewusstsein aufgepäppelt, indem wir die abwerten, die sich nicht verteidigen können?

Welche Funktionen haben Ihre Vorurteile in Ihrem Leben? Wir hätten sie längst fallen gelassen oder vergessen, wenn sie nicht irgendeinem Ziel dienen würden. Machen Sie sich bewusst, was Sie mit Ihrer Sammlung von Vorurteilen anrichten! Wenn es Ihnen bewusst wird – wirklich bewusst –, was Sie damit tun und wie Sie es tun, haben Sie die Wahl. Sie können sich entscheiden, damit aufzuhören, oder Sie können sich entscheiden, sich zu rechtfertigen und weiterzumachen.

Lassen Sie einmal eine Minute lang Ihren Gedanken freien Lauf:

Es ist früh am Morgen. Sie reiben sich den Schlaf aus Ihren Augen und bringen Ihren Wecker zum Schweigen, als Ihnen auffällt, dass Ihre Hände braun sind. Keine normale Sonnenbräune, sondern ein tiefdunkles Braun. Sie stolpern also aus dem Bett und stehen völlig ungläubig vor Ihrem Spiegel. Sie sind schwarz. Irgendeine unerklärbare Wendung des Schicksals hat bewirkt, dass Sie über Nacht eine andere Farbe bekommen haben, eine andere Rasse geworden sind. Der Kaffee- und Frühstücksduft zeigt Ihnen an, dass Ihr Ehepartner bereits in der Küche beschäftigt ist. Was wird er oder sie sagen, wenn Sie eintreten? Werden die Augen erschrockene Ablehnung zeigen? Wird er oder sie sich berappeln, um anschließend dieses falsche Lächeln aufzusetzen (etwas zu breit, etwas zu lang und etwas zu viele Zähne, die sich zeigen), mit dem Ablehnung signalisiert wird, während Annahme gezeigt werden soll? Diese Art Lächeln, das Sie selbst häufig bei Menschen anderer Hautfarbe aufgesetzt haben?

In einer halben Stunde treffen Sie sich mit einigen Kollegen für eine Fahrgemeinschaft. Was werden die Kollegen sagen? Und im Büro – wird es dort einen Abstand geben, der Sie von Ihren Kollegen trennt? Werden Sie Ihre Stelle heute Abend überhaupt noch haben?

Und was ist mit Ihren Freunden? Werden sie Ihnen so nahe stehen wie vorher? Der ständig gegen Ausländer stänkernde Schwager zum Beispiel – wie werden Sie mit ihm klarkommen? Und dann gibt's da noch Ihre Kirche. Werden Sie dort noch willkommen sein? Oder werden Sie auch dort die kalte Schulter bekommen, die Sie zuerst an den Rand der Gemeinde bringt, um Sie schließlich zur Türe hinaus zu komplimentieren?

Schauen Sie sich in dem Spiegel ganz genau an! Sie müssen da raus und Ihrer Welt begegnen. Aber jetzt in diesem Moment sind Sie nicht sehr glücklich, sich selber zu sehen, zumindest nicht als das Selbst, das Sie gerade sind.

Finden Sie ein solches Gedankenspiel geschmacklos? Bedrohlich? Oder fühlen Sie sich einfach unwohl? Wäre es Ihnen lieber, Sie würden gar nicht erst entdecken, wie Sie sich fühlen würden, wenn Sie eine andere Hautfarbe hätten?

Die Fähigkeit, die Welt einmal aus dem Blickwinkel anderer zu sehen, ist eine Basis für wirkliches Menschsein, für wirkliches Leben. Mit der Bereitschaft, die Perspektive des anderen zu übernehmen, fängt jedes Verstehen an. Wenn Sie sich bemühen, das Leben aus dem Blickwinkel anderer Personengruppen zu sehen, fangen Sie an, die Welt um Sie herum zu verstehen, und ihr mit Verantwortung und Liebe zu begegnen.

Paulus macht zu diesem Punkt einige prägnante Bemerkungen: »Ein jeder achte auf die Interessen der anderen und nicht nur auf seine eigenen. Wenn das Leben in Christus irgendwie das Herz rührt, ... irgendeine herzliche Zuneigung oder Mitleid, ... denkt und fühlt gleich mit der gleichen Liebe füreinander, mit einem Sinn und einer gemeinsamen Sorge für die Einheit.« (Philipper 2,4+1-3)

Das beste Maß, die Bedürfnisse eines anderen zu verstehen, bekommt man, wenn man seine eigenen Bedürfnisse gut kennt. Ich möchte frei sein, meine eigenen Entscheidungen zu fällen. Wenn wir also jemanden sehen, der daran gehindert wird, freie Entscheidungen zu treffen, müssen wir ihm helfen, um ihm das wegzunehmen, was die Entscheidungsfindung blockiert und ihm seine Freiheit nimmt.

»Wenn ich einen guten Arbeitsplatz brauche, braucht mein Bruder auch einen ...«

»Wenn ich davon überzeugt bin, dass meine Kinder eine gute Schulbildung benötigen und gleichzeitig sehe, dass viele Menschen ohne eigene Schuld diese Möglichkeiten überhaupt nicht haben, dann bin ich verpflichtet, soweit es in meiner Macht steht, auch ihren Kindern eine gute Ausbildung zu ermöglichen.«

»Wenn ich das Bedürfnis habe, meine Familie sicher in einem schönen Haus unterzubringen, dann muss ich mich auch um die Bedürfnisse eines Mannes kümmern, der aus welchen Gründen auch immer, seiner Familie einen solchen sicheren Platz nicht bieten kann . . .«

»Wenn es für das Wohlergehen meiner Familie notwendig ist, eine gute medizinische Versorgung zu haben, wie kann ich dann Christ sein, ohne mich gleichzeitig darum zu bemühen, dass auch andere Menschen medizinisch gut versorgt werden?!«

Wenn man das Leben aus der Perspektive der Bedürfnisse anderer Menschen sieht, erweitert das den eigenen Horizont und macht uns deutlich, wie groß unsere eigene Verantwortung zum Handeln ist. Wenn man sich in die Haut eines anderen Menschen begibt, wird man wachgerüttelt. Das bequeme Genießen des eigenen Glückes und die dickhäutige Gleichgültigkeit gegenüber anderen hört damit auf.

Jetzt stehen Sie völlig schockiert und können nicht glauben, was Sie gerade aus dem Mund Ihrer Tochter vernommen haben.

»Willst du mir also wirklich sagen, du liebst diesen – diesen –?« An ihren Augen können Sie sehen, dass es jetzt nicht klug wäre, ein ausländerfeindliches Etikett zu benutzen.

»Ich bin nicht sicher«, antwortet sie. »Aber ich weiß, ich bin verliebt, vielleicht verliebt genug, um eines Tages zu heiraten.«

Dass das gerade Ihnen passieren muss! Jetzt sind sogar Sie sprachlos. Von all den Männern in dieser Welt passiert es ausgerechnet Ihnen, dass Ihre Tochter eine Beziehung beginnt mit einem – wie sollen Sie ihn nennen? – Mitglied einer ethnischen Minderheit.

»Würde es dir nichts ausmachen, wenn deine Tochter einen Türken oder Afrikaner heiratet?« In manchen Diskussionen über die Ausländer war diese Frage eine Trumpfkarte, um Ihre allzu toleranten Gesprächspartner zum Schweigen zu bringen. Jetzt stehen Sie selber in der Situation, und Ihre alten Sprüche über die Vermischung der Völker scheinen jetzt leer und sinnlos zu sein, wo es sich um Ihre Tochter handelt.

Schließlich gestehen Sie es sich selber ein, dass es keine Argumente gibt, die hier wirklich stechen, schon gar keine, die mit dem Evangelium in Einklang zu bringen sind. Ihnen wird deutlich, dass Drohgebärden nur die Beziehung zu Ihrer Tochter zerstören. Sie ist eine eigene Persönlichkeit, sie muss ihre eigenen Entscheidungen treffen, es ist ihr Leben.

Wenn man tief eingewurzelten Vorurteilen begegnet, begibt man sich in einen komplexen Prozess, in dem Veränderung auf verschiedenen Ebenen stattfindet.

Ein besonders deutliches Beispiel sind die vor allem in den USA hartnäckigen Vorbehalte gegen Eheschließung zwischen Leuten unterschiedlicher Rassen. Diese Vorbehalte sind meistens kulturell begründet, werden religiös formuliert und sehr emotional ausgefochten. Sehen wir uns einmal an, wie diese Vorbehalte präsentiert werden! Sie werden es kaum für möglich halten, dass Christen so absurd argumentieren können.

Da meinen manche tatsächlich, eine rassenübergreifende Eheschließung sei von Gott verboten. Bereits am Anfang der biblischen Geschichte, also bereits mit der Geschichte Kains, sei Gott einer strengen Regel der Rassentrennung gefolgt. Er habe sein Volk, die Juden, aus den anderen Nationen hervorgerufen, er habe die Ehe mit anderen Völkern verboten und sie zur Absonderung aufgerufen.

Man braucht nur oberflächlich in die Bibel hineinzuschauen, um sofort zu merken, dass diese Trennung sich ausschließlich auf religiöse Aspekte bezieht. Es gibt überhaupt keinen Hinweis, dass Farbe, Haut, Haar oder Kopfform hier irgendeinen Unterschied machen. Die Liste der bedeutenden Männer, die mit Frauen anderer Rassen verheiratet waren, schließt u. a. Abraham, Josef, Mose, David und Salomo ein (wenn Sie hier Zweifel haben lesen Sie 4. Mose 12).

Mag die Argumentation auch extrem sein: Hier zeigt sich, wie man die Bibel zur Untermauerung nationaler Vorurteile missbraucht!

Die Botschaft der Bibel ist, dass alle, die Jesus Christus nachfolgen, zu einem gemeinsamen Volk gehören, dem Volk Gottes. Oder noch besser: Sie werden zu einem neuen Volk jenseits aller nationalen Unterschiede. Ein Volk Gottes, welches Jesus Christus als seinem Herrn nachfolgt. Genau gesagt, hat der christliche Glaube überhaupt kein Ausländerproblem, weil aus einem christlichen Blickwinkel alle Unterschiede zwischen Menschen, die einem erlauben, sich über den anderen zu stellen, verschwunden sind. Alle Menschen sind vor Gott gleich. In Christus gibt es weder Jude noch Grieche.

Eine andere beliebte Argumentationsweise ist, dass eine gemischte Ehe aus praktischen Gründen schief geht. In dieser Argumentation wird behauptet, dass der gesunde Menschenverstand bereits zeige, dass sie nicht gelingen könne, weil die beiden einfach zu wenig gemeinsam hätten. Die ethnischen Werte, die Interessen und vielleicht sogar die Sprache seien so unterschiedlich, dass die Ehe einfach nicht gut werden könne.

Untersuchungen zeigen das genaue Gegenteil auf. Japanisch-amerikanische Ehen zum Beispiel, die enorme kulturelle und sprachliche Unterschiede zu überbrücken haben, weisen eine niedrigere Scheidungsrate auf als rein amerikanische Ehen. In der Zeit von 1940 bis 1967 wurden in Iowa 8000 gemischte Ehen untersucht. Es zeigte sich, dass Ehen zwischen schwarzen Männern und weißen Frauen stabiler sind als rein weiße Ehen und doppelt so stabil wie rein schwarze Ehen. Andere Studien kommen zu ähnlichen Ergebnissen.

Der Kern des Problems ist unser Wille. Was eine Person möchte, was sie wünscht, wie sie etwas bewertet und wie sie sich entscheidet, macht den entscheidenden Unterschied aus.

Im Mittelpunkt eines Lebens ohne Vorurteile stehen einige zentrale Entscheidungen, so wie die folgenden:

Erstens: Christen, die in ihrem Alltag ernsthaft versuchen, Jesus Christus nachzufolgen, werden sich weigern, irgendwelche Unterschiede zwischen verschiedenen Volksgruppen zu machen. Sie werden keine Entscheidungen auf der Basis fällen, dass eine ethnische Gruppe wertvoller oder weniger wertvoll als die andere ist.

Zweitens: Menschen, die Jesus nachfolgen, sprechen offen über Verlogenheit und geben unehrliche Grundsätze auf, wenn sie sie entdecken.

Drittens: Menschen, die Jesus nachfolgen, werden auch gegenüber anderen Vorurteile in Frage stellen, die Menschen voneinander trennen und Mauern des Misstrauens zwischen Menschen aufbauen.

Sehen Sie auf Jesus Christus!

Er wurde in einer der strengsten Kulturen aller Zeit geboren. Er kam in ein entschieden nationalistisches Volk. Er wurde in Galiläa geboren, der bigottesten, hinterwäldlerischsten Region Israels. Er kam in eine Zeit, in der revolutionärer Fanatismus alle Herzen mit Hass gegenüber römischen Unterdrückern erfüllte, und er wurde in ein Land geboren, in dem die Juden gegenüber den verhassten Samaritern eine Art Apartheidspolitik praktizierten.

Jesus Christus wurde in eine Welt geboren, in der die Menschen voller Vorurteile waren, parteiisch, fanatisch, intolerant, starrköpfig, voreingenommen, bigott und dogmatisch eifernd: Römer, Samariter und Juden. Doch blieb er selbst davon völlig frei.

Lesen Sie die Berichte über sein Leben, die Evangelien, wieder und wieder. Sie finden dort absolut gar nichts, was in irgendeiner Weise anzeigen könnte, dass Jesus Vorurteile hatte oder Menschen diskriminierte.

Die, die zu Jesus stehen, stehen zur gesamten Menschheit. Sie entledigen sich aller Vorurteile, wann immer, wie immer und wo immer sie sie finden. Sie beginnen bei sich selber, und erst dann, wenn sie sich ihren eigenen Vorurteilen gestellt haben, wenden sie sich an die Welt um sie herum.

Für die Praxis

1. Welche Vorurteile prägen Sie? Entdecken Sie die alten gewohnheitsmäßig immer wieder gespielten Schallplatten aus Ihrer Vergangenheit. Vielleicht gelingt es Ihnen nicht, diese zu löschen, aber Sie können den Ohrhörer herausziehen, den Aus-Knopf finden und sich einfach weigern zuzuhören.

2. Machen Sie sich bewusst, wie manche Art von Humor eine fremdenfeindliche Haltung unterstützt. Wenn Sie sich selber dabei erwischen, wie Sie Witze erzählen, in denen bestimmte Volksgruppen lächerlich gemacht werden, dann

versuchen Sie, sich dazu zu stellen, was Sie tun oder getan haben.

3. Wenn Sie frei werden wollen, um Vertrauen, Liebe und Verständnis zu wagen, denken Sie über Folgendes nach:

(1) Wie hindere ich mich selbst daran, andere Menschen als so wertvoll wahrzunehmen, wie ich es selber bin, unabhängig von Nationalität und Kultur?

(2) Wie mache ich mir selber Angst davor, Freundschaften mit Ausländern zu beginnen?

(3) Inwiefern stecke ich in solchen alten vorurteilsbehafteten Überzeugungen fest, die den Glauben an Jesus verraten, dem ich doch in meinem Alltag folgen möchte?

(4) Wie mache ich mich selber blind durch selektive Wahrnehmung, selektive Aufmerksamkeit und selektive Erinnerung?

Frieden stiften ist
   liebevoll streiten,
   die Wahrheit sagen,
   etwas riskieren,
   wachsen,
   vertrauen,
   widersprechen,
   vergeben,
   herausfordern,
   annehmen,
   fordern,
   Forderungen zurücknehmen,
   Verantwortung übernehmen,
   Schuldzuweisungen fallen lassen,
   Vorurteile vergessen,
   liebevoll und versöhnlich handeln.

Frieden stiften ist der Weg Jesu.

Frieden stiften –

Wie wir wieder zusammenfinden

Gesucht: Friedensstifter. Seelsorgerliche Menschen, die es wagen, bei anderen Menschen präsent zu sein, *wenn* es wehtut. Und dort bei den Menschen zu sein, *wo* es wehtut.

Frieden stiften beginnt damit, dass man ganz für den anderen da ist.

Natürlich ist es viel leichter, die Begegnung mit dem Schmerz anderer Menschen zu vermeiden. Mehr als ein schneller Ratschlag ist da nicht nötig. Sag ihm doch, was er mit seinen Sorgen tun soll. Oder: Sag ihm ganz schnell, wo er seine Klagen loswerden kann. Halt ihn dir vom Leib! Werden Sie ihn schnell wieder los!

Es ist soviel leichter, einem Mitmenschen zu sagen, was er mit seinen Verletzungen tun soll, als mit ihm zusammen seinen Schmerz auszuhalten. Es ist viel einfacher, ein Problemlöser für den Nächsten zu sein, als auch nur einen geringen Teil seines Leidens mitzutragen.

Frieden stiften beginnt damit, dass man wirklich beim anderen präsent ist. Gesucht sind also: Friedensstifter. Aufrichtige Menschen, die bereit sind, die Vergangenheit aufzuräumen und anderen zu einer befreiten Gegenwart und Zukunft zu verhelfen.

Frieden stiften geschieht, indem man die Vergangenheit

zurücklassen darf und indem man wirklich im Hier und Jetzt gegenwärtig ist mit dem anderen.

Die Vergangenheit kann man beenden, indem man alte Forderungen fallen lässt, alte Kritiken zurücknimmt und alte Vorurteile aufgibt. Die Frau oder der Mann, der mir jetzt gegenübersitzt, muss angenommen werden.

Wir alle haben die Freiheit, uns zu ändern, neu zu werden, hier und jetzt. Wir sind frei, die zu werden, die wir wirklich sein können. Sich zu neuem Leben zu wandeln, ist die natürliche Ordnung allen Lebens, wenn Gott an uns arbeitet. »Siehe, ich mache alles neu!« – das ist sein Programm. Wir müssen uns ihm anvertrauen und können uns seiner lebensverändernden Kraft anvertrauen.

Gesucht sind: Seelsorgerliche, aufrichtige, wertschätzende Menschen, die eine Weitsicht entwickelt haben, die langfristige Ziele verfolgen, die einen weiten Blick für die menschliche Existenz haben und die dem Willen Gottes und dem Ruf Jesu Christi folgen. Solche Menschen engagieren sich verbindlich, nicht nur für kurzfristige, sondern auch für langfristige Ziele.

Kurzfristige Lösungen haben natürlich auch etwas für sich. In der Krise können sie helfen, den Dampf abzulassen, so dass es überhaupt erst möglich ist, über längerfristige Lösungen vernünftig zu reden.

Oft sind kurzfristige Lösungen das Beste, was wir erreichen können. Denn in jedem Zustand der Eintracht liegt bereits der Samen für zukünftige Zwietracht. Aber umgekehrt gilt auch: In jedem Konfliktzustand sind bereits die wesentlichen Elemente für einen Frieden verborgen. Es ist ein ganz normaler Rhythmus des Lebens, dass sich Harmonie und Konflikt immer wieder abwechseln. Und daher sind alle

Lösungen zeitlich begrenzt und alle Vereinbarungen vorläufig. Alles, was wir erreichen, wird irgendwann überholt sein. Die ultimative Lösung finden wir nie.

Friedensstifter, die Weitblick haben, erkennen, dass die Werte, die ihre Entscheidungen bestimmen, bleibende Werte sein müssen. Es sind Werte, die nicht nur für die eigene Kultur oder Nation gelten, sondern für das gesamte Jahrhundert, in dem man lebt und weit darüber hinaus.

Friedensstifter sehen weit voraus. Sie richten ihr Gewissen nach den Werten aus, die sich in der Geschichte der Menschheit bewährt haben und die auch anwendbar sind. Solche Werte haben die Eigenschaft, dass man sie verantworten kann im Angesicht Gottes und vor dem Hintergrund all dessen, was über seine Erlösungstaten unter seinem Volk bekannt ist.

Friedensstifter sind also Menschen des Gewissens. Nicht eines engen Gewissens der Selbstvorwürfe, des selbstverurteilenden Perfektionismus, sondern des weiten, tiefen, hohen und vorausschauenden Gewissens fester Überzeugungen – eingebunden in ein verbindliches Leben mit Gott. Das kann dazu führen, dass Friedensstifter nicht immer im Gleichschritt mit dem Zeitgeist marschieren. Sie können sogar fremdartig erscheinen, als Exoten, als Außenseiter. Aber wenn alle die Mitte verlassen, ist der, der in der Mitte bleibt, nun mal ein Außenseiter. Wenn alle Gottes Gebote verlassen, steht der, der sie hält, am Rand.

»Ich werde auf der Arbeit nie mehr meinen Mund aufmachen, um meine Meinung zu sagen«, so sagen Sie Ihrer Frau. »Diese Stammtischbrüder zerreißen mich wie die Geier das Aas.«

Sie fragt zurück: »Du willst also einfach stillhalten?«

»Kannste wohl sagen. Am besten, du kaufst mir einen Rollkragenpullover, damit ich meinen Kopf möglichst tief einziehen kann.«

»Aber was macht das mit deinem Inneren, wenn du deine ehrlichen Überzeugungen immer verborgen hältst?«, fragt Ihre Frau.

»Weiß nicht«, sagen Sie, »ich spiel denen dann schon was vor, was ich nicht wirklich bin. An sich find ich das nicht okay. Ich wünsche mir, ich könnte denen einfach so ganz ungeschminkt sagen, was ich denke – und trotzdem mit ihnen in Beziehung bleiben. Vielleicht gibt's da einen Geheimtipp.«

Dem eigenen Gewissen zu folgen ist eine einzigartige menschliche Begabung. Es ist eine Fähigkeit, die unseren tiefsten Respekt verdient. Wir und unsere Schuldgefühle sind uns automatisch suspekt. Ein Gewissen ist nicht dazu da, um Angst vor ihm zu haben, sondern es ist eine menschliche Qualität, die hoch geachtet und gewertet werden muss. In Gesellschaften, in denen eine von außen verordnete Konformität herrscht, wird ein Gewissen, welches sich von der Masse abhebt, gefürchtet. Es erscheint hier als eine gefährliche Kraft, die dazu führt, dass eine Person zu einem Außenseiter abgestempelt wird und aus der Gemeinschaft ausgeschlossen, da sie nicht im Gleichschritt mit allen anderen marschiert.

Ohne eine durch das Gewissen geleitete Weisheit werden Menschen unmenschlich. Personen werden zu Marionetten der Gesellschaft, und die Gesellschaft selbst wird zu einem bemitleidenswerten Puppentheater, in dem jeder nach Herzenslust manipulieren kann, wenn er die Fäden in der Hand hält.

Mit der *Weisheit* werden Männer und Frauen integre Personen. Sie werden empfindlich für Werte und dienen verbindlich der Wahrheit. Diese Weisheit ist absolut notwendig. Es ist eine Weisheit, die für die Wahrheit offen und ihr verpflichtet bleibt.

Aber Vorsicht: Es muss wirklich die *Weisheit* des Gewissens sein, kein blinder Gehorsam gegenüber dem eigenen Gewissen. Ein Gewissen, welches nicht geprüft wird, nicht auf den Prüfstand der Wahrheit gestellt wird, kann sehr gefährlich sein, ja sogar tödlich. Niemand wird mit weniger Gewissensnot zum Mörder, als ein Mann, der seinem Gewissen folgt, wenn er andere umbringt. Doch ein von Weisheit geprägtes Gewissen ist ein Gewissen, welches sich den höchsten Wahrheiten öffnet, von ihnen gelehrt wird und sich verbindlich unterordnet.

Klar, es gibt auch Risiken, wenn man seinem Gewissen folgt. Doch im Namen von Pflichterfüllung und Gehorsam sind mehr Verbrechen verübt worden als im Namen des Gewissens.

Die Weisheit des Gewissens ist eine Liebe zur Wahrheit. Sie ist Gehorsam gegenüber der Wahrheit. Es ist die Bereitschaft, jede Wahrheit zu prüfen, das Gute aus dem Besseren zu sieben, aus dem Besseren das Beste und aus dem Besten das Ultimative.

Die Weisheit des Gewissens ist etwas sehr Mutiges. Sie beinhaltet den Mut, eine Person zu sein, eigene Werte aufrechtzuerhalten. Den Mut, das Leben als sinnvoll anzusehen, den Mut, zielorientiert zu handeln, den Mut, sein angepasstes Verhalten den eigenen ehrlichen Prioritäten unterzuordnen.

Die Weisheit des Gewissens erfordert immer Mut, weil man sich verletzbar macht, wenn man dem eigenen Gewissen folgt. Man riskiert, lächerlich gemacht zu werden, sich Ärger auszusetzen und öffentlich abgelehnt oder beschämt zu werden. Man riskiert Leid, manchmal auch Gewalt.

Denken Sie nur an Martin Luther King, einen Mann, der nicht nur nach seinem Gewissen gehandelt hat, sondern auch für sein Gewissen gestorben ist. Drei Jahre vor seinem Tod sagte er in einem Radiointerview: »Wenn ich dabei bleibe, meinem Gewissen zu folgen, werde ich wohl höchstens noch fünf Jahre leben. Ich könnte einen Kompromiss mit meinem Gewissen schließen und möglicherweise sogar achtzig werden. Beide Wege bedeuten den Tod. Lediglich der Beerdigungstermin ist unterschiedlich.«

Die Weisheit des Gewissens kann ein Glaubensschritt sein. Es geht hier um den Glauben, dass Ihre Entscheidung die verantwortungsvollste Wahlmöglichkeit beinhaltet, die Ihnen offen steht. Ich meine den Glauben daran, dass das Richtige auch das Beste ist, selbst wenn die Kosten immens erscheinen. Der Glaube, dass mit der Zeit deutlich werden wird, dass Ihre Handlung richtig war, auch wenn Freunde Sie jetzt verdammen mögen.

Wenden wir das mal auf einen konkreten Fall an: Gewalt, gewalttätige Systeme und Krieg.

»Nur über meine Leiche! Ich werde niemals zulassen, dass dieser Junge den Wehrdienst verweigert!«, sagt Ihr Mann. Er wird immer lauter.

Dabei haben Sie lediglich vorgelesen, was Ihr Sohn in einem Brief geschrieben hatte.

»Mein Sohn, ein Wehrdienstverweigerer! Nicht zu fassen. Er muss ja nicht gleich Berufssoldat werden, okay, aber den Wehrdienst zu verweigern, ist einfach sinnlos.«

»Das ist seine Entscheidung und nicht deine«, sagen Sie.

»So, dann bist wohl auch noch für sein grünes Gerede!«, faucht Ihr Ehemann Sie an, »oder ist es vielleicht eher rosa?«

Ihnen fallen alle möglichen Dinge ein, die Sie jetzt zur Verteidigung Ihres Sohnes vorbringen können. Doch Sie halten sie zurück. Ihr Sohn braucht Ihren Schutz nicht – nicht gegen seinen eigenen Vater. Alles, was er jetzt braucht, ist eine Mutter, die ihm ehrlich und liebevoll begegnet. Und da können Sie beides tun, ohne dass es Ihre Ehe zerstört. »Hör zu, mein Schatz«, sagen Sie, »ich möchte nicht, dass diese Frage oder irgendetwas anderes zwischen uns steht. Verstehst du?

Lass uns denken, was wir für richtig halten, und unseren Sohn seine eigenen Wege finden. Weder du noch ich sind mit allen Entscheidungen, die er macht, einverstanden. Bei dieser hier stehen wir beide auf unterschiedlichen Seiten. Aber das ist auch okay.«

»Du möchtest also, dass er so ein Weichei wird?«, fragt Sie Ihr Mann.

»Nein, aber ich möchte, dass er ein Mann wird, der seine eigenen Werte bestimmt und ihnen folgt. Nicht nur, dass es sein Recht ist, sondern es ist auch seine Verantwortung, eigene Entscheidungen auf der Basis seines Gewissens zu fällen.«

Nehmen wir einmal an, Sie wären 20 Jahre alt und wir schrieben das Jahr 1940. Hätten Sie ihren Befehlen gehorcht, wenn es darum ging, jüdische Mütter, Töchter und Kinder mit Maschinengewehren hinwegzuraffen und in Massengräber zu befördern? Oder hätten Sie gekämpft, in blindem Gehorsam, wenn Sie gewusst hätten, dass die Regierung, die Ihnen das befiehlt, hunderttausendfach Massenmord begeht?

Würden Sie sich weigern, in einem ungerechten Krieg zu

kämpfen? Falls Sie diese Frage mit »Ja« beantwortet haben: Wie werden Sie denn jetzt entscheiden, ob ein Krieg gerecht ist oder nicht?

Wenn es zu dem Punkt kommt, wo Sie eine echte Entscheidung fällen müssen, liegt die Verantwortung bei Ihnen. Auf Ihrem Gewissen. Sie hängt ab von den besten Einsichten, die Sie haben, Ihren Überzeugungen, Ihren Prinzipien und Ihrem Verständnis von Wahrheit.

»Selig sind die Friedensstifter«, sagte Jesus einmal, »denn sie werden Kinder Gottes genannt.« Jawohl, das sind sie! Sie sind Menschen, die den Gott des Friedens als ihren Vater erkennen, den Fürst des Friedens als ihren Führer und Frieden zu stiften als die einzige Christus angemessene Möglichkeit zu leben.

Friedensstifter riskieren, selber zu bestimmten Zeiten in einen Konflikt hineingezogen zu werden, wenn sie ihre Arbeit tun, um zerrissene Beziehungen zu heilen. Und sie bemühen sich auch um vorbeugendes Friedensstiften. Sie spüren, wenn Feindseligkeiten aufgebaut werden und tun ihr Bestes, sie abzubauen, solange sie sich noch entwickeln und bevor sie in die explosive Phase kommen.

Wie geht das: vorbeugendes Friedensstiften?

Indem man Jesus Christus nachfolgt.

Sehen Sie die Menschen an: nicht, um zu bewerten, was diese getan haben, sondern wer sie jetzt sind. Jesus-Menschen (Friedensstifter) bemühen sich wahrzunehmen, in welche Richtung ein Mensch sich entwickelt.

Die Bibel formuliert das so: »Die Liebe, die Christus uns erwiesen hat, bestimmt mein ganzes Handeln. Es ist doch so: Einer ist für uns alle in den Tod gegangen, also sind sie alle gestorben. Darum beurteile ich nun niemand mehr nach menschlichen Maßstäben, auch Christus nicht, den ich einst so beurteilt habe. Wer zu Christus gehört, ist ein neuer Mensch geworden. Was er früher war, ist vorbei. Etwas ganz Neues hat begonnen.« (2. Korinther 5,14+16-17; Die Gute Nachricht)

Friedensstifter suchen nach den Stärken anderer und bauen sie auf. Sie spüren, wo Begabung und Talente verborgen sind oder ignoriert werden und stärken diese.

»Denkt an den menschlichen Körper! Er hat viele verschiedene Teile, und jeder Teil hat seine besondere Aufgabe. Aber der Körper bleibt deshalb doch einer. Genauso ist es mit uns. Obwohl wir viele sind, bilden wir durch die Verbindung mit Christus ein Ganzes. Als Einzelne aber stehen wir zueinander wie Teile, die sich gegenseitig ergänzen. Eure Liebe muss aufrichtig sein, verabscheut das Böse, tut mit ganzer Hingabe das Gute. In der Gemeinde soll einer den anderen als Bruder herzlich lieben und ihn höher stellen als sich selbst.« (Römer 12,4-5+9-10; Die Gute Nachricht)

Suchen Sie nach Gelegenheiten, andere zu bestätigen, ihnen Mut zu machen, ihnen zu helfen, alles das zu werden, was sie in Christus sein können. Dabei kommt es auf die Liebe an, nicht auf geniale psychologische Einsichten.

Auch dabei kann man nicht auf Ehrlichkeit verzichten: Man darf nicht versuchen, Schwierigkeiten zu vermeiden oder mit Zuckerguss zu glasieren. Liebe und Wahrheit, Konfrontation mit Wohlwollen, das sind die Schlüssel.

Friedensstiftende Liebe befasst sich mit dem Wohlbefinden und den Sorgen jeder einzelnen Person.

Sie betrachtet jede Person als etwas Wunderbares, aus dem einfachen Grund, weil es diese Person gibt.

»Liebe« – dieses eine Wort ist mit all seinen unterschiedlichen Bedeutungsinhalten überfordert. Es gibt kein einzelnes Wort, das ausreichend wäre, um alles das zu beschreiben, was wir meinen. Mit einer Ausnahme. Das biblische Wort für Liebe, im Griechischen »Agape«, hat einen solchen weiten Bedeutungsspielraum.

Das biblische Vorbild für die Liebe, Jesus, sammelt all das, was »Agape« ist, in einem beispielhaften Leben. Er ist das Modell dafür, was die Bibel über liebevolle Beziehungen zu sagen hat.

Ersetzen Sie einmal das Wort »Liebe« durch den Namen »Jesus« in der Beschreibung, mit der Paulus im 13. Kapitel des ersten Korintherbriefes die Liebe beschreibt. Und dann wird die Sache klar. Jesus war geduldig und gütig. Jesus ereiferte sich nicht. Er prahlte nicht und spielte sich nicht auf. Jesus verhielt sich nicht taktlos. Er suchte nicht den eigenen Vorteil. Er ließ sich nicht zum Zorn erregen. Jesus trug keinem etwas nach. Es freute ihn nicht, wenn einer Fehler machte, sondern wenn er das Rechte tat. Jesus gab niemals jemanden auf. In allem vertraute und hoffte er für ihn, alles ertrug er mit großer Geduld. In Jesus wird die Liebe greifbar. Und der Apostel Paulus hatte ein sehr ungewöhnliches Wort in seinem Sprachschatz, welches alle diese Bedeutungen in eine verbale Kurzform bringt: Agape.

Agape ist definiert worden als »wohlwollende Liebe« oder »aufopfernde Liebe« oder »selbstlose Liebe« oder »selbstgebende Liebe« oder »bedingungslos fürsorgende Achtung« oder »Nächstenliebe«. Die beste Definition, die zum Ganzen der biblischen Aussagen über Liebe passt, könnte man »Gleichschätzung« nennen. Den Nächsten wie sich selbst zu lieben, ihn wertzuschätzen, wie man sich selber wertschätzt, andere Menschen als wunderbar und bedingungslos wertvoll anzusehen, ist »Gleichschätzung«.

Liebe ist etwas, das man *tut*. Das ist der Punkt, an dem unsere westlichen Sprachen und unsere westliche Art des Denkens zu kurz greifen. Für uns bedeutet Liebe im Großen und Ganzen eine Sache der Gefühle oder der Sexualität. Agape heißt handeln! Es bedeutet »Gleichschätzung«, die sich in respektvollem Handeln ausdrückt. Es ist die ehrliche Auseinandersetzung mit Menschen, von denen jeder einzelne einen unendlichen Wert in Gottes Augen hat und deswegen auch in Ihren Augen.

Jesus schätzte die Bedürfnisse des Nächsten wichtiger als alles andere ein. Für ihn war Liebe das höchste aller Dinge. Der letzte, unendliche Wert.

Das heißt im Einzelnen, dass die Liebe unendlich viel mehr wert ist als alles menschliche Wissen. Das bedeutet, dass es keine menschliche Erkenntnis gibt, die auch nur den kleinsten Verlust der Liebe wert wäre.

Jesu Lebensstil war unbeirrbar, bedingungslos, ohne Vorbehalte. Er suchte für andere nur das Beste. (Nicht, indem er unterwürfig menschlichen Launen diente, sondern in entschiedener Hingabe, die das höchste Gut für andere suchte.)

Menschen, die in dieser durch Jesus geprägten Liebe leben, suchen das höchste Gut, das sie finden können (die kostbare Perle!), und sie teilen es, indem sie anderen dienen.

Die Liebe Jesu führte dazu, dass er alleine in dem einzigen endgültigen Sieg aller Zeiten triumphiert hat – in der Liebe, die sich am Kreuz zeigt. Sein Weg ist der einzige Weg, mit dem man sicher den endgültigen Sieg über den Tod erringt.

Das heißt: Menschen, die diesen Jesus als den obersten Herrn der Schöpfung betrachten und die seine Worte, sein Wesen als endgültige Autorität über ihr Leben und ihren Lebensstil sehen, diesen Menschen merkt man ihr Anderssein an.

Die Liebe, die Jesus Christus uns vorgelebt hat, wird heute in unserer Zeit ermöglicht durch die Kraft der Liebe, die Christen den »Heiligen Geist« nennen.

Der Heilige Geist zeigt sich zu den ungewöhnlichsten Zeiten, in unerwarteten Momenten und mit unerklärbarer Kraft.

Er kann bewirken, dass wir den anderen »gleichschätzen«, ihn lieben.

Er schenkt, dass man sich mit den anderen auseinander setzen kann, ohne sie zu verletzen.

Durch ihn können wir einander sagen: Sag mir die Wahrheit, wenn du mich liebst.